シン・
日本外史

「日本国／日本人」はどこから来たのか、
何ものか、どこへ行くのか

浅野慎一　Shinichi Asano

昭和堂

はしがき

　本書の目的は、「日本国／日本人」を対象として「ネイション（国家・国民・民族）」の過去・現在、そして未来を考えることです。

　書名は、江戸時代後期に頼山陽（らいさんよう）が書いた『日本外史』にあやかりました。同書は、歴史書として多くの問題を指摘されつつ、しかし社会が変動・変革の連続だったことを平明な言葉で語り、幕末の若者の志に多大な影響を与えました。もとより本書の影響力は、それには及びもつきません。しかし現代の社会に"生きづらさ"を感じ、閉塞感・諦観に陥りがちな若い人々に、"社会は変わる／変えることができる"という現実をありのままに、しかもできるかぎり平明な言葉で語り、ともに未来を考えたいという、まことに青臭い動機から執筆しました。

　さて、本論に入る前に、本書の理論的関心について、ごく簡単に述べておきます。

　理論に関心がない人は読み飛ばし、序章に進んでいただいてもさしつかえありません。

　本書は、まず第1に、現代の「日本国／日本人」をポスト・コロニアリズムの視座から考察します。

　筆者はこれまで、外国人労働者・中国残留日本人・夜間中学生などの労働─生活の実態、およびその歴史─社会的意義について、ポスト・コロニアリズムの視座から実証的に研究してきました。

　ポスト・コロニアリズムは、日本ではしばしば、かつての植民地支配の「記憶」の戦後社会における受けとめ方の問題に矮小化して論じられがちです。

　しかし、ガヤトリ・スピヴァク、ポール・ギルロイ、パルタ・チャタジーなどにみるポスト・コロニアリズムの最も重要な主張は、帝国主義・植民地支配を克服した後の国民主権・民族解放、さらにそれらを前提とした民主主義・市

民社会・人権思想それ自体の歴史的限界——抑圧性・一面性——を直視し、その克服の展望を探る点にあるといえましょう。

本書は、「日本」を対象として、この課題にアプローチします。

第２に、本書は、イマニュエル・ウォーラーステインが提唱する「史的社会科学」の方法を目指します。すなわち一国単位の近現代に視野を限定せず、グローバルかつ通史的な社会変動として「日本国／日本人」の変遷を捉えます。

現在、ウォーラーステインの世界システム論をはじめ、社会が一国単位で進歩・発展するとみなす進歩史観を批判・克服した歴史─社会認識はかなりの程度、共有されてきています。また、ポスト・コロニアリズムの立場に立つ以上、グローバルな空間的視野はもちろん、近代に限定されない時間的視野も不可欠でしょう。近代的ネイションの歴史的限界、およびその終焉の道筋は、近代を説明する概念・論理の枠内では把握できないからです。

しかし従来、「日本」社会に関する社会学の実証研究の多くは、依然として一国単位・近現代に視野を限定してきたように思われます。ネイションが近代の産物で、しかも一国単位の同質性・同化の推進によって構築された「想像の政治的共同体」だというベネディクト・アンダーソンの認識に満足し、足踏みしてきたともいえましょう。近代的ネイションが、グローバルな植民地支配に基づく異質性・他者性・異化を不可欠の構成要素とするという、ポスト・コロニアリズムの問題提起を十分に受けとめてこなかったのです。

一方、歴史学は、いうまでもなく近現代に視野を限定せず、しかもグローバルな世界システムの視野から日本社会の変遷を捉えてきました。

ただしその多くは、過去の各時代における社会の固有の特徴に関心を寄せ、通史的な視野が希薄だったように思います。各時代を専門とする複数の歴史学者の共同による通史も、相互の分担を意識し、また現在のまなざしで過去を裁断してはならないという必要な自制・禁欲の結果、ポスト・コロニアルの現代の問題状況をふまえた「現在と過去との間の尽きることを知らぬ対話」（エドワード・カー）は必ずしも十分ではなかったのではないでしょうか。

ウォーラーステインは、近代の国民国家を政治学、資本主義を経済学、市民

社会を社会学がそれぞれ専門的に分掌し、そうした近代の必然的成立過程を歴史学が解明するといった、近代諸科学の細分化を厳しく批判しました。現実の国民国家・資本主義・市民社会は相互に不可分で、それぞれの内部で完結する固有の構造・論理など存在しないからです。またそうした分割・分掌は近代社会の不変性・永続性という想定の上に成立し、非現実的だからです。

スピヴァク、ギルロイ、チャタジーといったポスト・コロニアリズムの研究者が、歴史学・政治学・社会学・経済学・人類学・文学・法学といった細分化された近代的な専門性に囚われず、「越境研究（cross-border studies）」に取り組むのは当然といえましょう。

本書は、まずはウォーラーステインが提唱する、細分化された近代諸科学を越境した「新しい学＝史的社会科学」の顰みに倣います。

第３に、本書は、ネイションを国家支配・国民統合の契機としてのみならず、多様な民衆の主体的協働の契機、または双方のせめぎあいとして把握します。

世界システム論はシステム論であり、多様な「民衆（people／multitude／subaltern）」の生活や社会形成への関心は相対的に希薄です。

また社会学のネイション論の多くは、近代主権国家の同質性・同化・統合に関心を集中し、逆に近代以前から連続し、また支配の中で異化される主体がネイションに付与する諸影響を十分に捉えていないように思われます。もとより民衆の生活や社会形成は、決してネイションの範疇に収まりません。しかし同時に近代的支配・統合の機構はあくまで「主権的なもの（最高の意思決定主体）」（アンダーソン）であり、これとネイションを同一視することもまた正しくないでしょう。ネイションは、近現代において主権の支配を受け入れる能動的基盤とされつつ、しかし同時にそれゆえに主権に抵抗し、これを相対化する主体もまた、多様な異種混交のネイションであり得ます。

一方、社会史研究は、多様な民衆の生活・社会形成の豊かな実態を捉えてきました。国家をはじめとするマクロな政治─経済構造に回収されず、むしろその枠組みを越えて展開する社会・文化の把握は重要です。ただし同時に、それらが国家をはじめとするマクロな構造の変動・変革にいかなるインパクトをも

たらしたのかといった洞察もまた、無意味ではないでしょう。

　最後に第4として、本書は、近年のマルクス主義研究を含むアクチュアルな社会科学的関心・論点も視野に入れたいと思います。

　たとえば市場を、資本主義的生産様式に固有の搾取・収奪の機構と捉えるか、それとも資本主義に限定されない民衆の主体的な等価交換の営為と捉えるかは、『資本論』をはじめとするカール・マルクスの思想の解釈、また現代中国の社会主義市場経済の評価、さらにコモンに依拠した新たな生産様式の考察において、重要な意味をもつでしょう。

　また、自然と人間の関係において、"有限の自然を人間が征服する"のか、それとも逆に"自然は無限で、人間こそ有限"なのかは、環境問題を考える上で最も前提となる論点です。近年のマルクス主義を含むエコロジー思想――「人新世」論など――は"有限の自然"という前者の立場を自明とし、警鐘を鳴らしているように思われますが、果たしてそれは妥当なのでしょうか。

　「日本国／日本人」の成り立ちは、こうした諸論点の考察においても有意義なフィールドとなるでしょう。

　もちろん、これらの理論的関心に本書がどこまで応えることができたのかは、読者の評価にゆだねるしかありません。

　理論的課題の大きさに比べ、筆者の力量はあまりに卑小です。本書はおそらく頼山陽の『日本外史』に輪をかけて、多くの誤解や誤謬を孕んでいるでしょう。また平明さを何より重視しようとするあまり、複雑な現実を単純化して論じすぎている点も多々あると思います。

　今後、読者のご批判・ご教示を仰ぎ、いっそうの研鑽を図る決意です。

　では、何はともあれ、「日本国／日本人」はどこから来たのか、何ものか、どこへ行くのか。それを考える旅の一歩を踏み出しましょう。

2024年7月

浅野慎一

目　次

はしがき　i

序　章　国家・国民・民族としての「日本」を考える　1
1　「日本人」とはだれか？　2
2　「単一民族神話」の幻想と現実　9
3　血と国——中国残留日本人孤児は何人(なにじん)か　17
コラム1　マージナル・マン　28
コラム2　ポスト・コロニアリズム　30

第1章　「日本」以前　33
1　旧石器時代・縄文時代に「日本」は存在したか？　34
2　「日本列島」における国家の誕生　42
コラム3　ホモ・サピエンスの世界拡散　52
コラム4　ホモ・サピエンスの単一性と多様性　54
コラム5　農耕が作り出した「世界」　56
コラム6　農耕が拡大した「疎外」　58
コラム7　労働価値説・剰余価値説　60

第2章　「日本」の誕生と分裂・流動化　63
1　「日本国／日本人」の誕生　64
2　「日本国／日本人」の多元化と分裂・流動化　73

第3章　「日本国／日本人」の再結集と国民国家の構築　85

1. 資本主義世界システムと「日本」の再結集　86
2. 帝国主義世界システムへの包摂と「日本国／日本国民」の構築　96
3. 多民族帝国の「日本国／日本人」　106

- **コラム8**　世界システム論とリオリエント論　117
- **コラム9**　世界システムとしての帝国主義　119
- **コラム10**　資本主義と労働者階級　121

第4章　敗戦と日本国憲法にみる「日本国／日本国民」の再構築　123

1. 敗戦と象徴天皇制にみる「日本国／日本国民」の形成　124
2. 敗戦と平和主義にみる「日本国／日本国民」の形成　134
3. 「日本国民」からの排除と同化強制──在日朝鮮人　145

- **コラム11**　ポスト・コロニアルの世界とパクス・アメリカーナ　154
- **コラム12**　2つの「開発独裁」と社会主義　156

第5章　ポスト戦後の「日本国／日本国民」　159

1. 高度経済成長時代の「日本国／日本国民」　160
2. 「国際化」する「日本国／日本国民」　169
3. 「失われた30年」の「日本国／日本国民」　180

- **コラム13**　ポスト・コロニアルの「疎外」　191

第6章　未来へ　193

1. 地域とシン・日本人　194
2. 「日本」存続の可能性と諸条件　199
3. 自然と平和　203

- **コラム14**　ポスト・ヒューマンの未来　206

参考文献 208

索　　引 214

― 序章 ―

国家・国民・民族としての「日本」を考える

1 「日本人」とはだれか？

「私は何人(なにじん)ですか？」

次の文章を読んで、皆さんはどのように感じるでしょう。

> 「私は、日本人だ。なぜなら私は日本国籍で、両親とも日本人で、日本に生まれ、日本語を母語とし、海外旅行を除けばずっと日本で生活してきた。私が日本人であることは、疑いようのない客観的事実だ」

違和感を感じなかった人も、いるかも知れません。

でも、何らかの違和感、割り切れなさ、居心地の悪さ、そして反発すら感じた人もいるでしょう。

その違和感には、大きく2つの理由があったのではないでしょうか。

1つは、日本人であることが、①国籍、②血統（両親）、③出身地、④言語、⑤居住地など、さまざまな属性によって多元的に定義され、単純明快でないことです。

それとも関わって、この文章は、これらすべての属性が「日本」であることが、まるで純粋で完全無欠な日本人の必要条件であるかのようにも読めます。いいかえれば、これらすべての属性が「日本」でなければ、純粋で完全無欠な日本人ではないかのようです。それは、あまりに柔軟性を欠いた考え方だと感じた人もいるでしょう。

さて、違和感を生み出すもう1つの理由は、ここで挙げられている属性がどれも可変的で、複数性をもつことです。

たとえば国籍は、移民・帰化などによって変更可能です。また世界の約7割の国は複数国籍の保持——重国籍——を認めており、現在の日本国民にも複数の国籍をもつ人は少なくありません（野島 2019）。一部には、無国籍の人もい

ます。さらに、もし日本国籍であることが日本人の不可欠の条件だとすれば、日本に国籍制度ができた明治32（1899）年より前の「日本史」上の人物はすべて、日本人ではないことになります。

　出身地も厳密にいえば、母体から生まれ出た生物的出身地と、国家・行政に届け出た社会的出身地が違っていても不思議はありません。出身地の行政単位が変わることもあります。過去100年間に国境の変更がなかった国は、日本を含め、ほとんどありません。

　言語や居住地も変更可能です。言語の変更・習得は時間がかかりますが、不可能ではありません。幼い頃なら、比較的容易でしょう。居住地の変更は、もっと簡単です。また何より、1人の人間が、複数の言語・居住地をもつことも十分にあり得ます。

　血統——生物上・遺伝上の両親——は変更できません。しかし、両親は2人いて、双方の国籍や言語、居住地は自らのそれと同様、変更可能です。生物上の両親と社会的な両親——養父母——が一致しない人も、世の中にはいくらでもいます。さらに10世代さかのぼれば、1人の人間の血統上の祖先は2000人を越えますが、そうした祖先たちの諸属性をすべて検証するのは事実上、不可能でしょう。

　以上のように、日本人とは、何らかの単一または複数の客観的属性やその組み合わせで明確に定義できる概念ではありません。

　むしろ日本人とは相互主観的・多元的で、たえざる変化の中でつねに再構築され続けている1つの社会集団です。もちろんこのことは日本人のみならず、すべての「ネイション（国民／民族）」にあてはまります。

　したがって実際には、さまざまな日本人、または複数のネイションの境界を生きている人が多数います。このような人々を社会学では「マージナル・パーソン（マージナル・マン）」と呼びます（「コラム1」を参照）。

　ネイションの定義の曖昧さは、さまざまなスポーツの「日本」代表にも見てとれます。

　オリンピックの日本代表の資格はとても厳格で、日本国籍をもっていること

です。

　一方、野球のWBC（World Baseball Classic）の日本代表は、日本の国籍だけでなく、日本への永住権の保持、日本生まれ、親のどちらかが日本国籍または日本生まれなど、どれか1つの条件にあてはまればよいことになっています。

　ラグビーの日本代表は、もっと寛容です。両親・祖父母のうち1人でも日本で生まれていたり、本人が一定期間以上、日本に住んでいれば、国籍や出身地とは無関係に日本代表になれます。

　このように同じ日本代表といっても、スポーツの種類によって、基準はさまざまです。そしてどのスポーツの日本代表も、そのスポーツの世界組織が決めた基準に合っていれば、純粋で完全無欠の日本代表なのです。

ナショナリストとしての私たち

　さて、こうしたネイションのもつ一種の曖昧さを、私たちは無意識のうちに、自分にとって有利な形に引き寄せて活用しようとします。

　たとえば日本のマスメディアは、国際的に活躍しているマージナル・パーソンを、しばしば「日本人」と紹介します。アメリカ国籍の物理学者・南部陽一郎さん、イギリス国籍の作家カズオ・イシグロさんがノーベル賞を受賞すると、日本のマスメディアは「日本人の受賞」と称えました。イラン人の父親をもつ野球選手のダルビッシュ有さん、父親がベナン人のバスケットボール選手の八村塁さん、ハイチ系アメリカ人を父親として幼少の頃からアメリカで育ったテニス選手の大坂なおみさんが世界で活躍すると、多くの日本人が「日本人」として応援し、時には「同じ日本人としての誇り」さえ感じます。

　一方、同じマージナル・パーソンでも、犯罪や法律違反を犯した人は、日本のマスメディアでは多くの場合、外国人と報道されます。その人が日本人の血統をもつ日系人であろうと、日本出身であろうと、家族が日本国籍であろうと、外国籍の犯罪者・法律違反者は「外国人」です。

　これは、不公平なご都合主義といわねばなりません。そして、このように自らのネイションの誇りに引き寄せられる感覚を、ナショナリズムと呼びます。

またそのような感覚を強く抱く人を、ナショナリストといいます。

　今、日本の社会で日本民族としての誇りや日本への「愛国」を声高に主張し、「反中（国）」や「嫌韓（国）」のヘイト・スピーチを行っている人々は、自らが最も嫌悪しているであろう、中国・韓国で「反日／愛国」を声高に主張している人々と同類の典型的ナショナリストといえましょう。ジョージ・オーウェル（1982：322）は、「ナショナリストは、味方の残虐行為となると非難しないだけでなく、耳にも入らないという、すばらしい才能をもっている」と皮肉をいっています。

　そして現代社会を生きるほとんどの人々は、多かれ少なかれ無意識のうちにナショナリストになっていきます。

　特に戦争の際には、多くの国民が「ネイション（国家・国民）」のために自らの命を投げ出し、また個人的には何の恨みもない敵国民の命を奪うのもやむをえないと考えます。

　平和な日常の中でも、私たちは、たとえば次のような感覚を当然のように抱きがちです。

> 「国内でパスポート・ビザを求められるのは、移動の自由の不当な制限だ。しかし、海外旅行では、それは当然だ。特に外国人には、厳格な入国審査が必要だ」
> 「日本の学校で、日本人の子どもに日本人教師が英語を教えるのは当然だ。しかし、外国人教師が国語や日本史を教えるのは違和感がある」
> 「外国人が金銭目的で日本人と結婚をして日本に入国するのは、いくらその結婚手続きが合法でも「偽装結婚」であり、厳しく摘発・処罰すべきだ。ただし、日本人どうしが金銭目的の結婚をしても、その結婚手続きが合法的である以上、それは「偽装結婚」ではなく、行政は介入すべきではない」
> 「日本人が企業で職業実習を受けている期間、他の企業に転職する自由は認められるべきだ。しかし外国人の技能実習生は、他の企業に転職する自由は認められなくてもやむをえない」
> 「日本国内で農作物に有害な汚染被害が発生した場合、食品安全の確認とともに、

根拠のない風評被害が広がらないよう、十分に配慮すべきだ。しかし外国で農産物に同様の汚染被害が出た場合、何より大切なことは厳格な輸入規制だ。風評被害まで、配慮する必要はない」

「外国のミサイルが、日本を狙っている現実には危機感を覚える。しかし、日本国内にあるミサイルがその外国を狙っているかどうかは、考えたことがない」

　もし、日常生活の中でこうした感覚を当たり前のように共有しているとすれば、それは私たちが無意識のうちにナショナリストであることを意味します。そしてそのような人は、決して少なくないでしょう。

　私たちは、無意識のうちにネイションと自己を同一視し、ネイションを単位として自己と他者の間に境界線を引きます。そうして他者を差別・排除し、自己を防衛しようとします。ベネディクト・アンダーソン（2007：24）は、「国民（ネイション）とはイメージとして心に描かれた想像の政治共同体」だと述べました。またトマス・ホッブス（2022）は国家を、ひとりひとりの人間が本来的にもつ感覚・理性から出発し、また各自の生命の保存のために結んだ社会契約に基づき、それゆえに個々人の自由を束縛する政治共同体とみなし、これを巨大な「怪物（リヴァイアサン）」にたとえました。

ネイションは、いつ生まれ、いつまで続くのか？

　さて、ネイションは、いつ生まれたのでしょうか。

　諸説ありますが、アンダーソン（2007）はこれを、近代の産物と述べました。近代的なネイションは、18世紀の西欧諸国で発明されました。身分の壁を越えた同質的な「国民」がイメージされ、人権思想や国民主権を掲げた市民革命が起き、「国民国家（ネイション・ステイト）」が成立したのです。

　そして20世紀半ば、「国民国家」は世界中に広がりました。旧植民地のほとんどが独立を達成し、人類のほとんどがそれぞれ自前の主権国家をもち、「国民」になったのです。

　これは、たしかに人類史の大きな前進ではあります。しかし、ここで立ち止

まって考えてみなければならないことがあります。それは、多くの国民国家が地球を覆い尽くし、それを前提とした国際政治が確立したこと——いいかえれば、地球が数多くの国民国家に分割されたこと——によって、人類は幸福を手に入れたのか、という問題です。必ずしもそうはいい切れない現実も、多々見られるのではないでしょうか。

　たとえば現在、グローバルな貧富の格差はますます大きく広がりつつあります。地球環境破壊も、未曾有の規模で深刻化しています。国民国家どうしの戦争は絶えることがなく、国家の大義・利害のために命や家族を奪われる人はあとを絶ちません。

　ようやく独立を勝ち取ったはずの周辺諸国——旧植民地——では多くの場合、経済的混乱・貧困が続き、内戦・政治的独裁、新たな地域・民族紛争が絶えません。そして自国の主権や経済発展による生活の安定・向上の可能性に見切りをつけた人々が、移民・難民・出稼ぎ労働者として脱出しつつあります。

　一方、移民・難民・外国人出稼ぎ労働者を受け入れる中核諸国——旧帝国主義国——では、移民を排撃する極右民族主義が台頭し、自国中心主義の政治が強まっています。極右民族主義の台頭は、表面的には強力なネイションの復興のようにも見えます。しかし実際には国内に激烈な対立を招き、一体性をもつ「国民」の分裂をいっそう促進しています。自国中心主義・極右民族主義を批判する世論もありますが、しかし主権国家が自国・自国民の利益を最優先するのは当然でもあります。

　日本もまた、例外ではありません。戦後民主主義・国民主権のこの国には今、「失われた30年」といわれる経済・社会的危機、および、さまざまな"生きづらさ"が蔓延しています。国民の権利として保障された学校教育は、いじめ・不登校・体罰・学歴社会を生み、多くの子どもや親を苦しめています。戦後の民主主義憲法によって男女平等・個人の尊厳に基づく絆として作り出された家族の中で、望まざる非婚化・少子化、虐待、老後不安が増え、家族関係の難しさに悩む人も少なくありません。労働者の権利を保護する労働法制の整備にもかかわらず、いくら働いても生活が困難なワーキング・プアや過労死に追い込

まれる人々はあとを絶ちません。地方自治と住民主権が保障された地域社会では、「選択と集中」の名の下、当たり前のように辺境・棄民が生み出されています。

そして国民主権・議会制民主主義といわれつつ、実際の選挙の投票率は低下し、政治的無関心が広がっています。しかもそれは個々人、とりわけ若者の自覚の欠如というだけでなく、日本国の政治に何も期待できないといった諦観・不信感に根ざす場合も多いのではないでしょうか。

総じていえば、ネイションが「国民」の「生命―生活（life）」を守るための政治的共同体だという共通認識、および、その現実的基礎が大きく揺らいでいるといわざるをえません。

基本的人権と国民主権の矛盾・限界

このことは、国民主権と基本的人権が、果たして両立可能なのかという問いにもつながります。

国民主権は、その国の国籍をもたない「非国民（他国籍者・無国籍者）」を主権から排除する排他的権利です。一方、基本的人権は、国籍を問わず、人間の普遍的権利とされています。両者の間には、大きな矛盾があります。

国民であることは、人類・人間・個人・地域住民であることと同じではありません。むしろ人間は国民になった時、人類全体・個人・地域住民としての利益より、「国益（国民益）」を優先せざるを得なくなります。それは、戦争の際に最も顕著に現れますが、平時でも「公共の福祉」の名の下で貫徹されます。個々人・地域住民、そして場合によっては人類全体の生活を破壊する施設――たとえば、核兵器を配備した軍事基地――であっても、国家権力――政府・国会・裁判所――が「公共の福祉」にとって必要と認定すれば、国民はその建設を阻止できません。

もし、現代の人権が国民主権によってのみ担保されるものであるなら、人権もまた当該国民だけの排他的権利にすぎません。実際、人権の擁護を大義名分とした国家間の戦争も、今や珍しくありません。

すべての人間の「生命—生活」を等しく維持・発展させ得る新たな社会、すなわち主権国家・国民主権を乗り越えた社会の実現は、果たして可能なのでしょうか。そのことを正面から考えざるをえない歴史の大きな転換期を、私たちは今、生きているといえましょう。

　国民国家を乗り越えた社会というと、「そんなことは不可能。非現実的」と感じられるかもしれません。しかしそれは私たちが、地球が国民国家によって分割された20世紀半ば以降の特殊な時代に生まれ育ったからにすぎません。

　江戸時代の日本列島に生まれ育った人々は、いつか幕藩体制が崩壊して近代社会が到来するとは思いもしなかったでしょう。帝国主義時代に生まれ育った人々の多くも、強大な武力・財力を誇る帝国主義国が、貧困で粗末な武器しかもたない民族解放勢力に敗北し、植民地が独立するなど非現実的で不可能と思い込んでいたでしょう。

　しかし、そのような社会の変化は、現実に起きました。なぜなら、人間の「生命—生活」の維持・発展という観点からみれば、それ以前の社会の方が非現実的だったからです。現在進行中の地球環境破壊、核戦争のリスク、グローバルな格差の拡大などをふまえれば、非現実的なのは新たな社会への移行ではなく、むしろ現状の社会にとどまり続けることでしょう。

　こうした新たな社会を目指す理論・実践が「ポスト・コロニアリズム」（「コラム2」を参照）です。

　本書の最終的な目標は、「日本国／日本人」を素材として、ポスト・コロニアルの新たな社会像、および、その担い手——シン・日本人——を探し出すことにあります。

2　「単一民族神話」の幻想と現実

現代日本における「単一民族神話」

　日本は、民族的な同質性が高い国家・社会といわれます。もちろん現在はグ

ローバル化が進み、日本にも多様な人種・民族の人が増えてきました。しかしそれでもなお日本社会で、いわゆる「日本人」とみなされる人々がかなり多数を占めていることも事実です。

そしてこうした民族的同質性の高さこそが、日本古来の伝統で、日本の長所でもあるといった主張も、しばしば聞かれます。

たとえば2020年、当時の麻生太郎副総理大臣（元総理）は、「2000年の長きにわたって1つの場所で、1つの言葉で、1つの民族、1つの天皇という王朝が続いている国はここ（日本）しかない。よい国だ」と発言しました。

麻生氏のこの発言に対しては、「日本政府はアイヌを先住民と認めているのに、日本が1つの民族というのは間違っている」との批判が寄せられました。麻生氏は翌日、「誤解が生じているならお詫びの上、訂正する」と陳謝しました。麻生氏のいう「誤解」とは、いったいどのようなことなのでしょう。

麻生氏の発言のように、日本が昔から単一民族国家で、それこそが日本の伝統・長所だという認識を、ここでは「単一民族神話」と呼びます。本節では、こうした日本の「単一民族神話」が、どこから生み出されてくるのかを考えます。

ただしそれに先立ち、次のような誤解があるかも知れないので、あらかじめそれを解いておきたいと思います。

それは、「日本は周囲を海で隔てられた島国だから、古来より自然に単一民族国家になった」という誤解です。これは、完全な誤解です。なぜなら、島国の多く——イギリス、フィリピン、スリランカ、パプアニューギニア、ニュージーランド、マダガスカル、インドネシア、ブルネイ、キューバ、ミクロネシア、フィジー、シンガポールなど——は、いずれも多民族国家です。そこにはそれぞれの歴史的背景がありますが、共通する特徴があるとすれば、海が人々の移動をさえぎる「壁」ではなく、交流・交易を促す「道」だったという事実です。私たちは今、陸上を主な交通路と考えがちです。しかしそれは、鉄道・自動車などが発明された近代以降の"常識"です。近代以前は、人・物資を大量に運ぶ交通手段は何といっても船でした。港には多様な民族が往来し、その周辺では必然的に多民族化が進みました。

したがって、日本が「島国だから」というより、「島国であるにもかかわらず」民族的同質性が高いとすれば、何らかの特殊な歴史・社会的背景があったからです。この歴史的背景については、第1章以降で詳しく見ていきます。

「単一民族神話」の幻想と現実

さて、「単一民族神話」には2つの側面があります。

1つは、「日本が単一民族」という言説が、単なる「神話（幻想・迷信・誤解）」にすぎないという側面です。

先ほどの麻生氏の発言を批判した人々の主張の多くは、これに該当します。実際、アイヌ系の日本国民は、北海道を中心に数万人います。外国籍から日本国籍に変更——帰化——した人やその子孫も、少なく見積もっても100万人以上います。父母や祖父母のうち1人以上が外国にルーツをもつ日本国民は、おそらく数百万人に達するでしょう。民族の定義にもよりますが、血統・祖先という観点からみれば、日本国民が「単一民族」でないことは明らかです。

さらに、日本への永住またはそれに近い在留資格をもつ外国籍者、たとえば、日本で生まれ育った在日韓国朝鮮人・在日中国人（華僑）、日本人と結婚した外国人なども約150万人ほどいます。

また、日本に1年以上滞在する外国籍者は約300万人いて、日本の総人口の2％以上を占めます。こうした外国人の労働がなければ、日本の製造業・農林漁業・卸小売業・サービス業などの諸産業、また医療・介護・福祉も成り立ちません。

このようなさまざまな民族・国籍の人々を、どこまで日本社会の構成員とみなすかについては、多様な意見・主張があるでしょう。しかし、たとえ最も狭く日本国籍者だけに限定しても、日本が「単一民族国家」ではなく、多民族からなる国家であることは明白です。

ただし、この程度の事実は、麻生副総理ももちろん知っています。そんな事実も知らないと「誤解」されるのは、麻生氏も不本意でしょう。また、このような意味ならば、世界中のすべての国は多民族国家であり、「単一民族国家」

など存在しません。

しかし「単一民族神話」には、単なる事実誤認・「誤解」では済まないもう1つの側面があります。

それは、日本社会には単一民族であることを前提とする社会システムが厳然として存在し、そのため民族的同質性が高い国家・社会が維持・再生産され続けているということです。その意味で、日本の「単一民族神話」は、単なる幻想・迷信・「誤解」ではなく、現実であり、生きた「神話」として機能しています。

本節ではその実態を、国籍・移民制度、および外国人労働者の受け入れ方という2つの場面で見ていきます。

国籍・移民制度

まず、世界各国にはそれぞれの国籍・移民制度がありますが、大きく2つの類型――移民国家と非移民国家――に分けられます（広瀬 1992：387-391）。

移民国家は、南北アメリカ・オセアニアなどに多く見られます。これらは、もともと西欧諸国の植民地にされた地域で、移民である西欧人――白人――が主体になって独立・建国しました。そこで独立後も、移民を「将来の国民」として受け入れています。もちろん人数・資格などに制限はありますが、正式に移民を受け入れる制度があります。

移民国家では、「単一民族神話」は最初から成り立ちません。先住民を含む複数の人種・民族が共生する社会が当然の前提、または目指すべき目標とされます。

なお共生とは、複数の人種・民族が平等な立場で1つの社会を構成する状態とは限りません。生物学・生態学でいう共生は、双方にメリットがある双利共生だけでなく、一方だけが利益を得る片利共生も含みます。これと同様、多民族共生の社会はしばしば、人種・民族の違いに基づく露骨な差別・収奪の上に成り立っています。もともとこれらの国は、先住民を虐殺して土地を奪い、他地域の諸民族を奴隷として拉致・酷使して白人至上主義の国家を形成してきま

した。その矛盾は、今も生き続けています。また、だからこそ、そうした矛盾を克服しようとする諸民族の社会運動——ブラック・ライブズ・マター運動など——も絶えることがありません。

そして移民国家の国籍は、どこで生まれたかによって決まる出生地主義であることが多いです。

国民的アイデンティティ・国民統合の原理も多くの場合、その国に出生したという事実、または独立時の政治理念や国籍の共有に基づきます。そこでここでは、「国民（nation）」と「人種・民族（race／ethnicity）」が異なる——日本系・イギリス系・アフリカ系・中国系・先住民系などのアメリカ国民、オーストラリア国民がいる——のは、最初から当然です。

さて、もう1つの類型である非移民国家は、ヨーロッパ・アジアなどに多く見られます。ここでは、もともと在来の諸民族が国民国家を形成しました。

非移民国家の多くは、原則として移民を受け入れません。もちろん外国人が長期間、合法的に国内に在留し、その結果、その国の国籍を取る制度はあります。しかし、最初から移民、つまり「将来の国民」として外国人を正式に受け入れる制度は少ないです。そこで、在来の民族的同質性が根強く維持されます。

非移民国家における国籍は、親の国籍によって子どもの国籍が決まる血統主義である場合が多く、国民的アイデンティティ・国民統合の原理も血統、または言語のような固有の民族文化の共有に基づきます。そこでここでは「国民」と「民族」という2つの"nation"の区別が曖昧で、しばしば混同されます。

以上の2つの類型の中で、日本は典型的な非移民国家です。それだけに「単一民族神話」が実際に機能しています。民族的同質性が根強く維持され、日本人の血統や固有の民族文化を前提とする社会が形成されています。

外国人労働者の受け入れ

さて、外国人労働者は、当初から「将来の国民」として受け入れられる移民とは異なり、あくまで労働力として受け入れられます。国籍は出身国のまま、就労期間が終わると出身国に帰る人も少なくありません。

ただし実際には、移民と外国人労働者の境界は曖昧です。最初は外国人労働者として来たけれど、結果として出身国に帰らず、移民として定住する人も少なくありません。そこで国籍の違いを問わず、外国にルーツをもつ労働者を「移民労働者」と総称することもあります。

移民国家が、世界中から外国人労働者を多数、受け入れてきたことはいうまでもありません。

しかし非移民国家の西欧諸国も、1950年代以降、国策として外国人労働者を積極的に受け入れ、低賃金労働力として活用し、急速な経済成長を遂げてきました。イギリスはインド・西インド諸島、フランスはアフリカのマグレブ、そしてドイツはトルコから、それぞれ多くの外国人労働者を受け入れました。

1970年代以降、経済不況に陥ると、西欧諸国は外国人労働者の新規入国を厳しく制限し、出身国への帰国を促す政策へと転換しました。しかし実際には、外国人労働者の西欧諸国への新規入国は増え続けました。また多くの外国人労働者が西欧諸国に事実上、移民として定住し、出身国から家族を呼び寄せました。西欧諸国で生まれた移民の二世・三世も、増加の一途をたどりました。西欧諸国がいかに不況でも、グローバルな経済格差が拡大し、アフリカ・中南米・アジアから西欧諸国に移動する人々が増え続けたからです。またそれ以上に、西欧諸国の企業は不況になるほど、自国民より低賃金かつ劣悪な労働条件で雇用できる外国人労働力を求めたからです。

そこで西欧諸国は1990年代以降、外国人労働者に対する新たな定住政策を採り始めました。ここにも、ごく概括的には、2つの類型がありました（宮島2016：159-165など）。

1つは、ドイツ・イギリスなどに典型的に見られた多文化共生・統合政策です。ここでは、トルコ人・インド人などの固有の民族文化を尊重し、それを公的な場所——行政機関・学校・公共交通機関など——にもち込むことにも比較的寛容です。

しかし、矛盾もあります。たとえばある民族の文化の中に性差別・身分差別につながる要素があった場合、それも尊重するのかといった問題が生じます。

また「異文化を尊重する」というのは事実上、各民族が互いに干渉せず、閉鎖的に棲み分け、社会全体が分断されていくことにもつながりかねません。

　そしてもう1つは、フランスなどに典型的に見られた同化・包摂政策です。ここでは、同じ人間としての普遍的価値が重視されます。たとえば、フランス政府の立場からいえば、フランス革命で確立された自由・平等・人権は、フランスだけの特殊な民族文化ではなく、すべての人類が尊重・享受すべき普遍的価値です。これに対し、ムスリムの慣習——礼拝、ヒジャブ、ハラールなど——は、ムスリムに固有の特殊な文化・宗教的価値です。そこで公的な場所では普遍的価値が貫徹されるべきで、固有の民族的・宗教的な文化・価値はもち込むべきではないことになります。とりわけ性・身分による差別など、普遍的な人権思想に抵触する文化習慣は、公的な場所へのもち込みを禁止されます。

　ただし、こうした同化・包摂政策に対しては、移民の側から反発が生じます。フランスの自由・平等・人権が普遍的価値で、ムスリムの慣習が普遍的ではないというのはそれ自体、ヨーロッパ中心主義の差別的思想です。またフランスは、フランス革命以降も植民地支配を続けてきました。フランス革命の理念を人類に普遍的な価値ときめつけること自体、フランス帝国主義の歴史を隠蔽し、フランスの固有の文化を押しつける植民地支配の継続にほかなりません。

　このように多文化共生・統合、および同化・包摂という2つの政策は、いずれも行き詰まりつつあります。なぜ、それらは問題を解決できないのでしょう。

　それは、西欧諸国が外国人労働者を受け入れた目的が、低賃金労働力の確保だったからです。西欧諸国は、自らの社会を多文化共生社会にしたり、外国人の人権を守るために、外国人労働者を受け入れたわけではありません。自国民より低賃金で、しかも自国民が嫌がる劣悪な労働条件で働く労働力として活用するために、外国人労働力を受け入れたのです。そこで外国人労働者は、西欧諸国内で経済的・社会的に低い地位に置かれました。当然、移民や外国人、とりわけ西欧諸国に生まれ育った二世・三世では不満が増幅します。

　総じていえば、多文化共生による統合、および人権思想に基づく包摂は、どちらも表面的には美しい理念に見えますが、現実の問題を解決しません。移

民・外国人労働者の差別・貧困は文化や価値観の問題ではなく、経済的・社会的な階級・格差の問題だからです。

そこで西欧諸国では、不況になって失業者が増えると、経済的な利害対立が人種・民族対立という形をとって噴出します。移民・外国人労働者の側だけでなく、受け入れ側の国民、特に雇用をめぐって外国人労働者と競争関係にある下層労働者階級の中で、「移民・外国人に仕事を奪われた」といった不満が高まります。移民・外国人に対する襲撃・迫害事件も多発し、移民排斥を主張する極右民族主義勢力が台頭します。ほとんどの西欧諸国で、極右民族主義勢力は多くの国民の支持を集め、国政に大きな影響を与えています。当然、差別・排除される移民や外国人、とりわけ二世・三世からの反発も強まります。移民・外国人労働者問題をめぐり、社会が大きく分裂しつつあるといえましょう。

さて、こうした西欧諸国に対し、日本の外国人労働者政策は大きく異なっていました。日本は1950年代以降の高度経済成長期、外国人労働者をほとんど受け入れず、日本国内の農村労働力を都市に大量に移動させ、低賃金労働力を確保しました。これこそが、日本が西欧諸国と異なり、「単一民族神話」を形成した最大の理由です（本書163〜165頁を参照）。

また日本は1980年代以降、外国人労働者をようやく受け入れ始めましたが、定住・移民化を厳格に規制し、一時滞在型の受け入れ――研修・技能実習・留学など――に限定してきました。これもまた日本社会が、民族的同質性を根強く維持した一因といえましょう（本書173〜177頁を参照）。

日本の「単一民族神話」再考

麻生副総理が語った日本の「単一民族」性なるものが、客観的事実に反する「神話（幻想・迷信・誤解）」にすぎないことは明らかです。これを、事実誤認と批判するのは簡単です。

しかし同時に、日本には移民・外国人労働者を極めて限定的にしか受け入れず、在来の日本民族だけからなる社会を維持しようとする政治的意思と政策が厳然として存在してきました。すなわち「単一民族神話」が強固に維持され、

生きた「神話」として機能してきたのです。麻生氏の発言も、こうした政治的意思表明の1つにほかなりません。

ただし、こうした日本の「単一民族神話」は、第二次世界大戦の敗戦後、特に1950年代以降の高度経済成長期に生み出された、比較的新しい「神話」です。ちなみに戦前の日本は、朝鮮や台湾を植民地とする多民族帝国であり、「島国」でもなければ、「単一民族国家」でもありませんでした（本書111～114頁を参照）。この点では、麻生氏の「2000年の長きにわたって……」という言説は、やはり歴史的事実を歪曲する「神話（迷信・幻想）」で、麻生氏自身の「誤解」にほかなりません。

そして日本の「単一民族神話」はいうまでもなく、移民国家の多民族共生の理念とは異質です。西欧諸国の異文化を尊重する社会統合、または普遍的人権に基づく包摂とも違います。それは、あくまで日本の民族的同質性を前提とし、民族的マイノリティを排除しようとする政治的意思といわざるをえません。

したがってそれは、移民・外国人労働者だけでなく、先住民や難民の処遇にも大きく影響します。日本が欧米諸国に比べ、先住民の権利保障、および、難民の受け入れに極めて消極的である理由の1つも、こうした「単一民族神話」にあるといえましょう。冒頭の麻生氏の発言もまた、アイヌ民族の存在を決して知らないわけではなく、むしろ知っていながら、その権利保障にまったく無関心で消極的な日本政府の姿勢を雄弁に物語っています。

3　血と国——中国残留日本人孤児は何人か

「中国残留日本人孤児（以下、残留孤児と略称）」と呼ばれる人々に即して、「日本国／日本人」と何かを考えます。

中国残留日本人孤児とは何か

残留孤児は、中国に対する日本政府の侵略戦争・植民地支配が生み出した、日本人の孤児です。

1932年、日本政府は、中国東北地方に半植民地的な傀儡国家・「満洲国」を建国しました。また1936年以降、重要国策の1つとして、多数の日本人を農業移民として「満洲国」に送り込みました。

　しかし1945年8月、ソ連が日本に宣戦布告し、「満洲国」に侵攻しました。「満洲国」に駐留していた日本軍は本土防衛のため、いち早く、しかも極秘裡に撤退しました。民間人の日本人移民は何も知らされず、ソ連軍の攻撃の最前線に置き去りにされました。青壮年の男性は徴兵されていたので、置き去りにされたのは女性・子ども・高齢者です。

　日本人移民は、広大な中国東北地方で、凄惨な逃避行・難民生活を余儀なくされました。多くの日本人がソ連軍に虐殺され、路上や難民収容所で餓死・病死・凍死、そして自殺に追い込まれました。当時の中国東北地方における日本人の死者数は、広島の原爆や沖縄の地上戦、東京大空襲の死者数をも上回ります。

　この渦中で、多くの日本人の親子が死に別れ、生き別れました。そのため膨大な日本人孤児が発生したのです。そのほとんどは、餓死・病死・凍死するしかありませんでした。

　しかし、ごく一部の孤児たちが、中国人に引き取られ、かろうじて命をつなぎ、育てられました。後に「残留孤児」と呼ばれるようになった人々です。

　残留孤児の正確な人数は、わかりません。公式統計もありません。日本政府は一応、2800人強の残留孤児を認定しています。しかしこれは、全体のごく一部にすぎません。日本政府に認定されることなく中国で死去した残留孤児は、数え切れません。今も日本政府の認定を求め、中国で暮らしている残留孤児もいます。

出生時の「残留孤児」

　さて、残留孤児は日本人を実父母として生まれました。日本で生まれて実父母と一緒に「満洲国」に渡った人もいれば、「満洲国」で生まれた人もいます。また自分がどこで生まれたのか、わからない人も少なくありません。なぜなら残留孤児の中でも年少者――日本の敗戦時に概ね6歳未満――の多くは、実父

母や出生地の記憶・情報がほとんどなく、その後も現在に至るまで日本の肉親が見つかっていないからです。

　ただし出生地が不明の人も含め、ほとんどの残留孤児は出生後、日本の行政機関に出生届が出された時点で戸籍が作られ、日本国籍になったと考えられます。「満洲国」では、日本人移民は日本国籍を保持したまま、日本と「満洲」の二重民籍（戸籍）登録をしていたからです。大多数の残留孤児は、出生時には日本の国籍・戸籍をもつ日本人だったといえましょう。

　ただし、ごく一部ですが、1945年の日本敗戦の混乱の渦中、中国の難民収容所・路上などで生まれた残留孤児もいます。この人々は、日本の行政機関に出生届が提出されたとは考えにくく、出生してから少なくとも数年間は無戸籍・無国籍だったと推定されます。

引揚事業の打ち切りと戦時死亡宣告

　さて、こうした残留孤児も、ソ連の「満洲」侵攻後、直ちに日本に引き揚げることができていれば、その後はいわゆる普通の日本人としての人生を歩んできたことでしょう。

　しかしその道は、日本政府によって断ち切られました。1945年8月、ソ連軍の侵攻後も日本政府・日本軍は中国に取り残された日本人難民の引揚事業に取り組みませんでした。敗戦前は「将来の帝国の復興再建」、敗戦後は「内地（日本国内）の食糧事情」などを理由として、日本人難民の「現地土着方針」をとったのです。

　また1949年、中国では社会主義を掲げる中華人民共和国が成立しました。日本政府は、これと対立する中華民国——台湾——を国家として承認し、中華人民共和国と国交を結びませんでした。そこで、日中双方の民間団体が協力し、日本人難民の引揚事業に取り組みました。

　しかし日本政府は1958年、中華人民共和国への敵視政策の一環として、この引揚事業をも打ち切りました。こうして残留孤児は日本に引き揚げられる機会を失い、中国に取り残されることとなりました。

しかも日本政府は1959年以降、多くの残留孤児が中国で生存している事実を知りつつ、戦時死亡宣告を推進し、その戸籍を「死者」として抹消していきました。後にこの事実を知った残留孤児は、「中国に置き去りにされて必死に生きてきたのに、祖国によって「死者」にされていたとは！」と大きなショックを受けました。

中国社会における残留孤児

　さて、大多数の残留孤児は日本敗戦の前後、中国人の養父母に引き取られ、中国人としての氏名をつけられて育てられました。また自分の意思とはほとんど関係なく、中国の戸籍・国籍に登録されました。
　たとえば、養父母が幼い孤児を引き取った際、養子として、または養子であることすら隠して実子として登録したケースがあります。
　また、中国政府は日本人難民の引揚事業に協力するため、1950年代に一斉調査を実施しました。その際、養父母が本人に黙って中国籍に登録したケースもあります。
　さらに1958年、日本政府が引揚事業を打ち切ったため、中国政府は残留孤児が希望すれば中国籍を与えるという政策をとりました。その際、養父母の勧めもあって、中国籍に加入した残留孤児もいます。
　そして自分がいつ中国籍に入ったのかわからない残留孤児も、少なくありません。
　しかし一方で、日本政府は、中華人民共和国を正式の国家として承認していません。そこで、日本政府は1957年、日本人が中華人民共和国の「国籍」を取得しても、日本の国籍は離脱できないとする方針を発表しました。
　こうして、残留孤児の国籍は極めて複雑になりました。
　彼・彼女たちは、中国政府からみれば、中国人としての氏名をもつ中国籍者です。しかし日本政府からみれば、日本に戸籍があり、戦時死亡宣告をされていない場合は、日本人としての氏名をもつ日本国籍者です。死亡宣告されていれば、たとえ中国で生きていても、日本の戸籍上は「死者」です。

そして残留孤児自身からみれば、自らの国籍・民族についての認識・感情は多様かつ複雑で、ひとりひとりの中でも変化してきました。

たとえば、日本敗戦時に概ね6歳以上だった年長の残留孤児は、自らの日本人としての氏名・実父母・出生地などの明確な記憶をもっており、中国語の習得にも苦労しました。そこで、「自分は中国人ではなく、日本人だ」という意識を根強くもっていました。しかしそれでも日本に引き揚げる手立てがない以上、中国社会で中国人として生きていくしかありません。日本語も次第に忘れ、中国語しか話せなくなっていきました。

一方、年少の残留孤児は、自分が残留孤児だと知らず、中国人養父母を実父母、自らを中国人と信じて育ちました。物心ついてから、ずっと中国語だけで生活してきました。しかし、子ども時代から事情を知る周囲の人に「小日本鬼子」と呼ばれ、いじめられました。また日中の国交が断絶し、互いに仮想敵国となる中で、日本人の血統をもつ残留孤児はさまざまな差別・不利益も経験しました。こうして年少の残留孤児も、いやおうなく自らが日本人だと思い知らされていきました。

さらに年長・年少を問わず、残留孤児にとって中国は、自らを差別・迫害しただけの国ではありません。残留孤児は、中国人の養父母に命を助けられ、育てられました。中国社会で友人もでき、中国人と結婚して家族を作ってきました。「日本人」という理由で中国人に差別された時、守ってくれたのもまた中国人の民衆でした。残留孤児にとって、中国は今も「命を助けてくれた寛大で優しい国」であり続けています。

このように大多数の残留孤児にとって、日本と中国のどちらか一方への帰属を単純に二者択一することはできません。国籍の二者択一を迫るのは国家システムの側であって、残留孤児自身の生活上の必要性や感性・理性ではないのです。

国交樹立と戸籍

さて1972年、日本政府は中華人民共和国を正式に国家として承認し、国交を結びました。これを機に、多くの残留孤児が、これまで諦めていた日本の肉親

との再会、日本への永住帰国を希望しました。

　しかし日本政府は、残留孤児の肉親捜し・永住帰国にあいかわらず無関心で消極的でした。残留孤児から寄せられた多くの手紙を、日本政府は無視し続けました。

　残留孤児や日本の肉親、ボランティアからの批判に押され、日本政府が残留孤児の訪日調査にようやく着手したのは、1981年になってからでした。

　しかも、この調査の目的は、残留孤児の日本人としての認定ではなく、あくまで私的な肉親捜しです。そこで調査に参加するには、残留孤児自身が肉親・身元につながる証拠・情報を、日本政府に提出しなければなりませんでした。それを提出できない孤児は、調査に参加できません。しかし、証拠・情報が豊富な年長の残留孤児は、日本政府の調査に参加するまでもなく、自力で肉親の判明・再会にこぎつけていました。調査を必要としたのは、肉親につながる情報が乏しい年少の孤児です。そこで、「０歳で道端に置き去りにされていた私に、実父母につながる証拠を出せというのはあまりに理不尽だ。日本政府の方こそ、きちんと調査をして、私に肉親の情報を提供すべきではないか」といった不満が噴出しました。訪日調査に参加できた孤児の中でも、肉親の判明率は３割程度にとどまりました。

　日本政府は、なぜ私的な肉親探しにこだわったのでしょう。その理由の１つは、日本国籍が血統主義、つまり両親の国籍によって子どもの国籍が決まる制度だからです。両親・戸籍が判明しなければ、残留孤児を「日本人／日本国民」と認定できないということです。もう１つは、残留孤児の発生があくまで当事者や家族の自己責任であり、日本政府の責任ではないと位置づけるためです。

　中国政府は、日本の敗戦時の混乱、および残留孤児が幼少だった現実をふまえ、肉親・血統の判明ではなく、状況証拠・関係者の証言に基づいて残留孤児を柔軟に認定しました。

　しかし日本政府は、あくまで血縁・戸籍の判明に固執し、その結果、残留孤児の日本人としての認定、日本への永住帰国は大幅に遅延しました。

序　章　国家・国民・民族としての「日本」を考える

日本の戸籍をもつ中国籍者

　日中国交の樹立——1972年——以降、肉親・身元が判明した残留孤児の多くは、戦時死亡宣告の取り消しを自ら申請し、戸籍上、日本人として「生き返り」ました。しかし日本政府は、彼・彼女たちを直ちに日本国民と認めたわけではありません。

　前述のように1972年以前、日本政府は中華人民共和国やその国籍を承認していませんでした。日本政府からみれば、中国にいる残留孤児は「未帰還の日本国民」でした。

　しかし日本政府は、1972年に中華人民共和国を承認して国交を結ぶと、中国にいる残留孤児が日本国籍を離脱し、中国籍に加入しているとみなし始めました。そして個々の残留孤児の意向を問わず、国交樹立の日——1972年9月29日——に一斉に日本国籍を離脱し、中国籍になったものと行政的に措置しました。

　これに伴い、残留孤児の日本への帰国の手続きも、日本人としての引き揚げから、外国人——中国人——の新規入国へと一変しました。残留孤児が日本に帰国するには、中国政府発給のパスポート、日本政府発給の査証、そして日本の肉親による身元保証が必要とされました。日本の肉親が未判明、または肉親に身元保証人を断られた残留孤児は、日本に帰国できなくなりました。日本政府が、残留孤児問題を当事者と家族の私事・自己責任と位置づけたので、帰国した残留孤児とその一家を扶養する義務が肉親に課され、そのため身元保証を断らざるをえない肉親も少なくありませんでした。

　また帰国した後も、残留孤児は日本で外国人登録をさせられました。こうした取り扱いは、地域によって異なりますが、1986年頃まで続きました。日本への帰国を求める残留孤児は当然、自らを「日本人」と考えています。孤児たちは「私は日本人で、日本に戸籍もあるのに、なぜ身元保証人がいなければ日本に帰国できないのか」と憤りました。

　一方、訪日調査で肉親が見つからなかった残留孤児は、日本の家庭裁判所に申し立てれば、新たな戸籍を作ること——就籍——ができました。訪日調査を

終えて中国に戻った身元未判明の孤児の一部は、日本への帰国を許可されず、中国にいながらにして日本の戸籍を作りました。

　こうした日本政府の帰国制限政策に対しては、多くの残留孤児・肉親・ボランティアから批判が寄せられました。そこで日本政府は、これを段階的に変更・緩和していきました。

　たとえば1986年以降、身元・戸籍が判明しない残留孤児に、身元保証人がいなくても日本国籍者としての帰国を認めました（第三者による身元引受人制度）。この政策に基づいて帰国した残留孤児は帰国後、就籍を申請し、新たな戸籍を作成しました。

　一方、肉親が判明したけれど、身元保証人になるのを拒否された残留孤児は、依然として帰国を認められませんでした。「肉親が見つからない方が、日本に帰国しやすい」といった逆転現象が生じたのです。

　このように混乱を重ねた日本政府の帰国制限政策が最終的に撤廃されたのは、1994年頃になってからです。残留孤児が日本人として自由に日本に帰国できるようになるには、日本敗戦から49年、日中国交樹立から数えても22年の歳月がかかりました。

未判明孤児の就籍・永住帰国

　以上のような混乱を経て、残留孤児の日本の戸籍と国籍は一応、回復されました。しかし、国籍や戸籍の取り扱いに疑問を感じている残留孤児も少なくありません。

　まず第1に、新たな戸籍を作る就籍は、個々の残留孤児の自己申請に基づき、経費も自己負担でした。残留孤児を中国に放置し、戸籍の判明を困難にし、日本国籍を一方的に剥奪して帰国を阻んだ経過をふまえれば、日本政府の責任で戸籍を作るのが当然ではないかと憤る孤児は少なくありません。

　第2は、就籍に際してつけられた「（日本人としての）氏名」への不満です。残留孤児は、中国で養父母につけてもらった中国名で人生を歩んできました。日本に帰国して国籍を変える時、なぜ自分の氏名を捨て、何の根拠もない「い

かにも日本人らしい」新たな氏名をつけなければならないのでしょう。「日本語や日本の文化習慣がわからない」という口実で、本人に相談もなく、勝手に氏名を決められた残留孤児もいます。

　そして第3は、国籍変更の必要性、メリットやデメリットの説明が不十分だったことです。日本と中国の二重国籍、または中国籍のまま日本に永住する権利を要求しても、ほとんどの場合、認められませんでした。

帰国後の残留孤児

　残留孤児は、日本政府による引揚事業の打ち切り・日本国籍剝奪・帰国制限政策などのせいで、日本への帰国が大幅に遅れました。多くの残留孤児は帰国時、すでに40～60歳代になっていました。

　しかも日本政府は前述のように、残留孤児問題を当事者や家族の自己責任と位置づけています。そこで帰国後の自立支援政策も、ごく短期間の日本語教育を除けば、ほとんど実施しませんでした。

　そのため、帰国した残留孤児は日本語もほとんどできないまま、非正規雇用・不熟練労働の仕事につくしかありませんでした。そうした職場には、低賃金・長時間の重労働、倒産や解雇、労災事故が蔓延していました。

　また、残留孤児は日本での年金納付期間も足りず、老後は年金で生活できません。そこで大多数が生活保護を受給し、日本社会の最貧困層になっていきました。生活保護を受けると、外出・買い物も行政に監視・指導され、自由を束縛されます。中国の訪問も事実上、禁止されます。「命の恩人の養母の看病に行けず、死に目にも会えなかった。墓参にも行けないのはあまりに辛い」と語る孤児もいました。

　生活のあらゆる場面――就職活動・交通機関の利用・行政手続き・災害情報の入手など――で、日本語の困難にも直面しました。特に医療現場では「病状も説明できず、医師の説明もわからない」ため、手遅れになった孤児も少なくありません。近隣住民とのコミュニケーションもとれず、地域でも孤立していきました。

そして残留孤児は日本社会で、「中国人」としての露骨な差別にも遭遇しました。中国では「日本人」として差別された残留孤児ですが、日本に帰国すると今度は「日本語ができない中国人」として差別されたのです。

　残留孤児の多くは、日本を「自分たちを放置した冷酷な国」とみなしています。これは、長年にわたって中国に放置されただけでなく、日本への帰国後もずっと放置され続けてきたという実感に根ざす日本観です。

　2002年以降、日本に永住帰国した残留孤児の約9割が原告になり、国家賠償訴訟を提訴しました。日本政府が長年にわたって帰国を制限・妨害し、帰国後も自立支援政策を実施しなかったことが、残留孤児の深刻な被害を生み出したと主張し、国家賠償を求めたのです。

　残留孤児たちは、自らの主張を「日本の地で、日本人として、人間らしく生きる権利」と定式化しました。訴訟に伴う集会やデモの中で、残留孤児たちは「日の丸」の鉢巻きをしめ、「我々は日本人の血を引く日本国民だ」「日本人としての権利を取り戻す」と訴えました。ただし、その訴えは中国語でなされ、通訳者によって日本語に訳されました。裁判は日本語で進められ、当事者である残留孤児には十分に理解できませんでした。

　残留孤児は、70～80歳代となった今もなお、日本社会で多くの困難を抱えながら暮らしています。中国語が通じる高齢者施設・介護サービスは、圧倒的に不足しています。残留孤児は国家賠償訴訟をとおして支援給付金制度を勝ち取りましたが、日本政府がこれに収入制限をつけたため、収入のある子ども（二世）との同居も厳しく制限されています。言葉も通じない中での、孤立した高齢者夫婦による「老老介護」が蔓延しています。

　残留孤児たちは、いったい「何人」なのでしょう。残留孤児にとって「日本国」とは、いったいどのような国だったのでしょう。残留孤児を放置したのは、戦後の国民主権の下での日本政府です。主権者である日本国民にとって、残留孤児とはいったい「何人」なのでしょう。

《関連年表》

1932	「満洲国」建国宣言。日本政府、「満洲国」を承認。
1936	「満洲農業移民百万戸計画」策定。
1937	日中戦争。
1941	太平洋戦争。
1945	ソ連、対日宣戦布告・「満洲国」に侵攻。 日本軍大本営、「戦後将来の帝国の復興再建を考慮し、なるべく多くの日本人を大陸の一角に残置」命令。 ポツダム宣言受諾。日本敗戦。 日本政府、中国の日本人の「現地土着方針」。
1949	中華人民共和国成立。日本は承認せず。
1953	日中の民間団体、引揚事業（後期集団引揚）開始。
1957	法務省民事局長、「日本人が中華人民共和国の国籍を取得して、そのことにより、日本の国籍を離脱すること」について「消極に解する」。
1958	引揚事業打ち切り。
1959	戦時死亡宣告（未帰還者に関する特別措置法公布）。
1972	日中国交正常化。
1978	身元未判明の残留孤児に就籍を許可（長野家庭裁判所飯田支部）。
1981	訪日調査開始。
1983	在中国の身元未判明の残留孤児に就籍を許可（熊本家庭裁判所）。
1985	厚生省、身元未判明孤児の「身元引受人制度」創設。
1986	法務省入国管理局長、「（残留孤児に）外国人登録はしない。日本人として取り扱う」。ただし、その後も外国人登録を指導。
1989	身元判明孤児の「特別身元引受人制度」創設。
1994	法務省入国管理局長「入国手続の際に中国残留邦人を日本人として扱う。身元保証を要求しない」。
1995	身元保証・身元引受制度の事実上の廃止。
2002	残留孤児、国家賠償訴訟を提訴。
2007	残留孤児に対する新支援法（支援給付金・日本語教室など）成立。

コラム1　マージナル・マン

　マージナル・マンとは、互いに異なる文化をもつ複数の社会——集団——の境界で、いずれの社会にも完全に帰属することなく、双方の社会の周辺を生きている人々です。本書の本文中では、多様な性の人々に見られる特徴であることを考慮し、「マン」ではなく、「パーソン」としました。

　マージナル・マンは1928年、アメリカの社会学者であるロバート・パーク（1986）が定式化した人間像です。

　当時、アメリカ、特に大都市のシカゴは多様な人種・民族の人々が混住し、「人種と文化のるつぼ」と呼ばれていました。またそこに住むエスニック・マイノリティの人々は、一方でアメリカ社会に、同時に他方で自らのエスニック集団の双方に適応して生きることを求められました。

　双方の社会で求められる言語や文化習慣、価値規範には、違いがあります。マイノリティの人々は、「何が正しいのか／どう生きるべきか」といった葛藤に直面せざるをえませんでした。またどちらの社会からも、「常識知らず／よそ者／自民族への固執・裏切り」といった烙印を押されがちでした。

　そこでこうした人々——マージナル・マン——は、たえず心理的緊張・葛藤を抱え、不安定なアイデンティティを形成しました。「どちらでもない／引き裂かれた／中途半端な」自我に苛まれたのです。

　しかし同時にマージナル・マンは、既存のあらゆる文化・社会——集団——とも距離をとり、それらを対象化しやすい立場にもありました。双方の社会を比較し、その特殊性や問題点を批判的に認識し、より普遍的な文化を創造する主体にもなれます。複数の文化をうまく使い分ける、柔軟な主体性も身につけます。

　マージナル・マンという概念は、世界中から移民が流入する当時のアメリカの大都市・シカゴの社会構造変動を、ひとりひとりの人間のパーソナリティのレベルに降りて捉えました。またそれは、マイノリティの人々が単なる差別や救済の対象ではなく、新たな社会を創造する主体でもあり得ることを示しました。

　しかもパークはこの概念を、単に複数の社会——集団——の境界・中間の問題

にとどまらず、現実のアメリカ社会の矛盾として捉えました。当時のアメリカ社会では、"WASP（White Angro-Saxon Protestant）"を頂点とする人種・民族差別がありました。この矛盾は、マイノリティの移民二世にとりわけ顕著に現れます。移民二世は、一方で一世よりもアメリカ社会に適応し、その文化・規範・感性を受け入れていきます。しかしそれは、アメリカ社会に厳存する人種差別・偏見という価値観を受け入れることでもあります。そこで移民二世は、責め苛む劣等感・自己嫌悪に陥り、同時にアメリカ社会への反発・嫌悪を強めます。世代を経れば矛盾が緩和・解消されるのではなく、むしろ不適応を増幅させ、それゆえ社会変革の担い手にもなり得るのです。

　さらにパークは、こうした人種差別・偏見の根源を、単に言語や文化・人種の違いではなく、仕事の奪い合いなど経済的利害対立に見いだしました。経済的な利害対立こそが、文化的・身体的差異を人種・民族的偏見・差別へと結晶化させるのです。ここには、移民問題を言葉・文化や個々人のパーソナリティのそれに矮小化せず、アメリカの経済・社会構造の課題として捉えようとするパークの視点が見てとれます。

コラム2　ポスト・コロニアリズム

20世紀半ば、世界中で旧植民地のほとんどが独立を達成し、主権国家になりました。また日本を含む旧帝国主義国も、国民主権・民主主義を確立しました。

しかし、これによって人々が幸福に暮らせるようになったかというと、多くの疑問を禁じえません（本書6〜8頁を参照）。

ポスト・コロニアリズムとは、こうした国民主権やそれに基づく民主主義・市民社会の歴史的限界を直視し、その克服を模索する思想・実践です。

エドワード・サイード（1993）は、「オリエント（東洋）」という概念が、近代西欧が自らとの異質性に注目して構築した虚像でしかないことを明らかにしました。たとえば私たちが、「日本の独自性／日本らしさ」といった概念で日本を捉えようとすると、それ自体がすでに近代西欧によって規定・支配され、現実と乖離した一面的思考に陥っているのです。

ガヤトリ・スピヴァク（2012）は、人権、自由、自己決定、市民、そして多文化共生といった多様な近代的「正義」の概念・言説が横行することで、逆に自ら語ることが不可能な場所に追いやられる「民衆（サバルタン）」がいる現実を浮き彫りにしました。インド社会の一部には、夫が亡くなると妻が殉死する慣習が残っています。この非人道的な慣習は、インドを植民地として支配するイギリスの「人権」思想によって抹殺されるべきか、それともインドの伝統文化として「多文化共生」の立場から尊重されるべきか。あるいは女性たちの自己決定・自由に任せれば、解決するのか。殉死を迫られ、それを選び取る女性たちの「声」は、どのような概念で語られ、また聴き取ることができるのでしょう。

ポール・ギルロイ（2006）は、欧米に住むアフリカ系の人々が、欧米の市民社会に同化せず、かといってアフリカ人としての民族主義にも固執せず、自らのルーツをふまえ、しかも"ディアスポラ（離散・流浪）"を強制されたグローバル・ヒストリーの中で、国境を越えた新たな政治的・文化的・社会的ネットワーク――ブラック・アトランティック――を構築していく現実を描き出しました。

そしてパルタ・チャタジー（2015）は、インドの「下層民衆（サバルタン）」

が、自らの「生命─生活」の維持・発展のために、一方では国民・市民としての同質性・普遍主義を手段として活用しつつ、しかし他方では階級・宗教・エスニシティ・ジェンダーなどの異質性・特殊主義に基づいて政治社会を構築し、この双方の複雑なせめぎ合いこそが近代民主主義であることを示しました。いいかえれば、国民主権・市民社会といった普遍主義の貫徹・支配は、民主主義に反するのです。また普遍主義と特殊主義は、近代と伝統の対立ではなく、ともに近代植民地支配の中で形成されました。当然、普遍主義も近代西欧の国民的同質性ではなく、植民地支配の異種混交の産物にほかなりません。

　なお日本では、ポスト・コロニアリズムはしばしば、かつての植民地支配の「記憶」の受けとめ方の問題に矮小化して論じられがちです。これは、植民地支配を「正しく反省」する均質的・同質的な国民国家・市民社会が可能で、またはそれを理想とすること、すなわち国民国家・市民社会の理念を無批判に受容することになりかねません。

― 第 1 章 ―

「日本」以前

1　旧石器時代・縄文時代に「日本」は存在したか？

「日本国／日本人」はどこから来たのか、「日本国／日本人」とは何ものか。それを明らかにするにはまず、「日本列島」に、いつ頃から、なぜ人間——ホモ・サピエンス——が住むようになったのかから、説き起こさなければなりません。

ホモ・サピエンスの「日本列島」への到達

今から約20万〜60万年位前、アフリカの片隅でホモ・サピエンスが誕生しました。その後、約10万〜20万年位前、その一部がアフリカを旅立ち、全世界へと拡散していきました。さらに約3万〜4万年位前、その一部がユーラシア大陸の東端の、当時は大陸と陸続きだった、のちに「日本」と呼ばれることになる地域にたどりつきました。

なお、ホモ・サピエンスが生まれたのが約20万〜60万年前というのは、あまりに大雑把と思われるかも知れません。あらかじめお断りしておきますが、本節に出てくる年代はすべて大雑把で、しかも「諸説あり」です。なぜなら、この時代は文字がなく、遺跡・遺物から年代を推定するしかないからです。新たな遺跡が発見されるたび、年代は大きく書き改められます。また近年は遺跡に残された動植物の遺伝子の研究が進み、さまざまな年代について従来の定説の大幅な見直しがあいついでいます。

さらに先ほど、「ホモ・サピエンス」「アフリカ」「ユーラシア大陸」などと述べましたが、これらは当然、「日本」と同様、ずっと後の時代になってから発明され、名づけられた概念です。ここでは説明を簡単にするため、これらの名称を使っているにすぎません。

ではなぜ、ホモ・サピンエスは、わざわざユーラシア大陸の東端の「日本」まで旅をしてきたのでしょう。

最も直接には、主な食糧だった大型哺乳類——マンモス・ナウマンゾウ・オ

オツノシカなど――を追って来たと考えられています。もちろん「追って」というのは、逃げる動物を「追いかけて」という意味ではありません。人類がまだ進出していないので、大型哺乳類が多数生息していた土地に食糧を求めて移動して来たら、そこが「日本」だったという意味です。

そして約１万数千年前、地球規模の温暖化が進み、海面が100メートル以上、上昇しました。そこで、「日本」は大陸と切り離され、列島になりました。

こうした自然環境の激変に伴い、生態系――動植物の種類――も一変しました。この生態系の変化が気候変動の影響か、それとも人類による"狩り尽くし"がどの程度、影響したのか、双方の原因の比重はわかりません。しかしいずれにせよ「日本列島」では大型哺乳類が減少し、シカ・イノシシなど小型哺乳類が多くなりました。

そこで人類は、草原を悠然とのし歩く大型哺乳類を狩るのに適した槍ではなく、森林の中を走り回るすばしこい小型動物を捕まえるための弓矢を発明し、食糧を確保して生き延びてきました。

また温暖化に伴って多様な広葉樹林が広がったので、人類は果実・山菜などを採り、ドングリなどの堅い木の実を長期保存するようになりました。海面の上昇で入り江・浅瀬が広がったので、釣針や銛を発明・改善し、漁労や潮干狩りにも熟達していきました。

いわば地球温暖化に伴う自然環境の変化、および、その中で生き残るための懸命の発明・技術革新が食糧の幅を爆発的に広げ、多様で豊かな食文化を実現したのです。

「日本列島」におけるホモ・サピエンスの特徴

さて、「日本列島」にやってきたホモ・サピエンスは、いったいどのような人々だったのでしょう。

この地域へのホモ・サピエンスの流入は約３万〜４万年前に始まりましたが、約１万数千年前にこの地域が大陸から切り離されて列島になった後も絶えることなく、しかも極めて多様なルートで続きました。現在のところ、３つの主な

ルートが確認されています。

　1つ目は、アジア大陸の北部からサハリンを経て、北海道、そして本州東北部へという「北ルート」です。

　2つ目は、アジア大陸中部から朝鮮半島を経て、対馬、そして九州へという「西ルート」です。

　そして3つ目は、アジア大陸中南部から、台湾・西南諸島を経て、沖縄へという「南ルート」です。

　これらは、あくまで現時点で確認されている主なルートです。ほかにも多様な時期に、多様なルートがあったと考えられます。このことは、次の3つの事実を意味します。

　まず第1に、「日本列島」に住むホモ・サピエンスが、血統的にも文化習慣的にも極めて多様な集団だったということです。実にさまざまな遺伝子・文化をもつホモ・サピエンスの小規模な集団が、「日本列島」の各地域にたえず流入し続けました。この列島には決して、たとえば「縄文人」といった単一の同質性の高い大きな集団が住んでいたわけではありません（篠田 2022：205）。

　第2に、大陸から切り離されて列島になった後も、人々がたえず流入し続けたということは、その人々は海を越える高度な移動技術――船・筏を操る技術――をもっていたということです。当然、「日本列島」に来た後も、広域的に移動していたでしょう。

　そして第3に、このことは、この列島内部の各地域が、アジア大陸や日本列島の多様な地域とそれぞれつながりをもっていたことを意味します。これは、日本・中国・朝鮮の間に国際的な交流があったということではありません。なぜなら当時はまだ、「日本」や「中国」というまとまりは存在しません。移動・交流は、あくまで個別の地域どうしの間で行われていました。

　総じていえば、当時、「日本列島」を1つの単位とする同質的な人種・民族や社会・ライフスタイルは存在しませんでした。列島の多様な各地域が、アジア大陸や日本列島の各地域とそれぞれ直接・間接に結びついた網の目状の社会を形成していたといえましょう。

そして地域ごとの多様性は、「日本列島」の自然的特性によって、いっそう顕著になりました（森先 2021：20）。

まずこの列島は、4つの地殻プレートがぶつかりあう複雑な地殻変動によって形成されました。そこで平地が少なく、急峻な山脈が各地域を細かく分断しています。

またこの列島は、東北から西南へと約3000キロメートルと長く、列島を取り囲む海流・季節風も複雑に変わり、降水パターンも地域ごとに多様です。山が多いので、日照・風向・気象条件も、小さな範囲で地域ごとに変わります。

当然、生態系も地域ごとに多様です。同じ広葉樹林でも、列島の東部と西部では種類が違います。海・河で採れる魚介類も、場所によってさまざまです。食糧・狩猟採集用具・住居などの生活様式も、地域ごとに多様だったと考えられます。

「日本列島」における人々の生活・社会の特徴を一言でいえば、"地域的多様性"だったといえましょう。

定住化とライフスタイルの変化

人々の生活は、季節によってもまた多様で変化に富んでいました。この列島は中緯度・温帯に位置し、水に恵まれて湿潤です。そこでそれぞれの地域の中でも四季折々に、得られる食糧の種類が変化します。

このように季節ごとに、しかも多角的な狩猟採集が可能ということは、比較的狭い範囲の移動で食糧を確保しやすいということです。最初はいくつかの場所を季節ごとに回遊していたでしょうが、徐々に一定期間の定住も可能になりました。

世界的には、農耕の開始と前後して定住が始まるといわれています。しかし、「日本列島」の場合、自然の恵みが豊かだったので、農耕が始まるずっと以前から、食糧がとりわけ豊かな地域で定住化が進みました。いいかえれば、農耕なき定住生活が長期間、続きました。

移動生活は、やはり苛酷で不安定です。移動先に食糧があるかどうか、行っ

てみなければわかりません。病気・怪我をしたり、高齢化すると、一緒に移動できなくなります。かよわい子どもをあちこち連れまわすと、死亡率も高くなります。移動に便利な簡易な住居は、寒さや台風などの自然の猛威に弱く、危険に満ちています。移動生活では、子孫を残すための他の血縁集団との出会いのチャンスも限られます。そこで食糧が豊富に得られる地域があれば、人々は移動生活をやめ、定住生活へと変わっていったようです。

　定住化が進むと人口も増え、ライフスタイルも変わりました。弓矢を使った狩猟だけでなく、落とし穴など狩猟技術も進歩します。クリ・クルミのような堅い木の実、シャケなど魚の干物のように、ある季節に大量に確保し、長期保存する加工・貯蔵技術も発展します。

　さらに「日本列島」では、農耕が始められるずっと以前から、土器の製造・使用が始まりました。約1万3000～1万4000年位前、いわゆる縄文式土器という世界最古級の土器が登場したのです。土器は重くて壊れやすくかさばるので移動生活には向かず、定住生活の1つの指標になります。また土器の発明によって、食糧の貯蔵・保存が容易になるだけでなく、調理法も「焼く」から「煮炊き（煮沸）」へと広がります。これによって食糧の幅が拡大し、食生活はいっそう豊かで多様になりました。

　定住に伴い、住宅も雨風に強い堅牢な、また快適なものへと進化しました。

　ただし、こうした定住化も、「日本列島」全体で一律・同時に進んだわけではありません。食糧が確保しやすい地域から徐々に、数千年の時間をかけて進みました。また定住生活のライフスタイルも、地域ごとに多様でした。当時の「日本列島」に住む人々の生活の最大の特徴は、やはり"地域的多様性"でした。

「日本列島」における社会

　さて、狩猟採集時代、この列島の人々は、どのような社会を作っていたのでしょう。

　まず移動生活の時代は遺跡が残りにくく、どのような社会生活をしていたのか、よくわかりません。ただし移動生活ですから地縁ではなく、血縁に基づく

小集団を単位とする社会だったと考えられます。そして、そうした血縁集団が移動の途上で交配し、子孫を残していました。もちろん偶然の出会いだけでなく、特定の血縁集団どうしの一定の継続的交流もあったでしょう。

　定住化が進むと、より具体的な様子がわかってきます。遺跡から推定すると、当時の人々は、数十人程度の血縁集団——ここでは「ムラ」と呼んでおきます——を単位として生活していたようです。

　また定住化に伴い、ムラでは、一部ですが原始的な農耕も始まりました。マメやヒョウタン、エゴマ、雑穀を栽培し始めたのです。クリの木を栽培していたという説もあります。ただし主な食糧確保法は、やはり狩猟採集でした。

　また一部では、複数の血縁集団が集まり、大規模な集落が形成されました。ただしそれもごく一部の地域に限られ、集落の人口規模についても諸説あります。

　そしてそれぞれのムラは孤立せず、近隣のムラと助け合い、与え合い、また子孫を残すためのネットワークを形成していました。移動生活の頃に比べても、定住するムラどうしの交流頻度は飛躍的に高まりました。

　ムラどうしが互いに交流し、助け合うことは、生き残るために必要な生活戦略です。狩猟採集の生活は自然の変化に大きく影響され、さまざまなリスクがつきまといます。そこでそれぞれのムラは一種のセーフティネットとして、他のムラと普段から贈与しあい、助け合っていました。またムラは血縁集団ですから、近親婚を避けて子孫を残すためにも、近隣のムラとの交流の確保が必要でした。

　逆に当時の遺跡には、戦争の形跡はほとんど見られません。もちろん食糧などを奪い合う個別の争いはありました。しかし、ムラどうしの組織的な戦いとしての戦争の形跡は、ほとんど見られません。それは当然でもあります。なぜなら、食糧の保存技術が多少は発達したとはいえ、主な食糧が日々の狩猟採集に依存している以上、ムラに保存・蓄積されている食糧はそれほど大量ではありません。勝つか負けるかもわからず、犠牲者を出してまで他のムラに戦争をしかけ、わずかな食糧を奪うくらいなら、他地域に移動して食糧を探す方が合理的です。

ムラどうしの交易は、驚くほど遠隔地ともなされていました。前述のように「日本列島」の各地域は、アジア大陸のさまざまな地域とつながりをもっていました。たとえば、矢尻の材料になる黒曜石は、今でいうサハリンやシベリア、朝鮮半島とも交易されていました。ヒスイも、原産地から数百キロメートルも離れた地域まで伝えられていたことがわかっています。近隣のムラどうしのつながりが、東アジアの広範な地域にわたって網の目のように広がり、特定地域の産物が遠隔の地域にまで毛細管的に伝わっていたと考えられます。

　またこれも前述のように、「日本列島」に暮らす人々の生活の最大の特徴が"地域的多様性"である以上、各地域ごとに産物も大きく異なり、それがムラごとの分業を生み出し、相互の交流・交易をますます促進したと考えられます。さらにこの列島に住む人々が水上移動の技術――船・筏などの製造・操作――に長けていたという事実も、各地域・ムラどうしの交流・交易、とりわけアジア大陸を含む遠隔地との交易を活発にしました。

　そしてムラは血縁集団、つまり広義の家族です。そこには階級も格差もありませんでした。ムラのメンバーは、各自が狩猟採集や食糧の保存加工に従事し、それによって得られた食糧は「誰の物」といった個人的な所有観念もなく、ムラのメンバー全員で共有・消費していました。全員が「ムラのために働き、ムラによって生かされ」ており、ムラと自分を分けて考える発想そのものが湧かなかったでしょう。

　性別・年齢による差別もなかったと考えられています。もちろん老若男女それぞれの自然的属性に基づく役割分業はありました。そのような分業は、現代以上に豊かだったでしょう。なぜなら、子どもにも高齢者にも、ムラのメンバー全員の生存のために必要不可欠な仕事がたくさんあったからです。また個々人の個性・能力、得意・不得意による役割分業も、柔軟かつ合理的になされていたでしょう。各人の生産性が、ムラの生き残りにとって死活問題だからです。経験の深い年長者・長老が、リーダー・教師的な役割を果たすこともあったでしょう。

　しかしこれらの役割分業は、ムラの生活・生存のために必要な各人の個性・

能力の発揮です。どの役割もムラの維持・存続に必要不可欠であり、そこに序列・差別はなかったと考えられます。

そしてムラが血縁集団であるということは母系制、つまり女性中心の社会だったということです。ムラの女性が生んだ子どもは、父親が誰かは関係なく、ムラの子どもとして育てられました。このような社会では、男尊女卑・女性差別も起きません。むしろ女系の血統こそが、ムラのまとまりの軸、アイデンティティだったと考えられます。まさに「元始、女性は実に太陽であった」（平塚 1987：9）のです。

このように狩猟採集時代の社会は、大枠において戦争も階級も差別もない、平和で平等な社会でした。

最後に、「国家（クニ）」もまた、存在しませんでした。ここでいうクニとは、血縁ではなく地縁に基づく、したがっていくらでも拡張可能な政治的支配の機構です。

このような「国家（クニ）」のない時代は、概ね紀元前10〜5世紀頃まで続いたと考えられます。「日本列島」に約4万年前から人類が住み始めたとすれば、その後、短くとも約3万7000年間、人々は国家のない、また戦争も階級も差別もない社会に暮らしてきました。これは、「日本列島」における人類の歴史の92.5％にあたります。「国家や戦争のない社会なんて、不可能だ。国家・戦争があるのは人間の本能だ」などと考えている人がいるとすれば、その人は歴史をまったく知らないといわざるをえません。

旧石器時代・縄文時代に「日本」は存在したか？

以上のように、この時代、「日本列島」に「国（クニ）」は存在しませんでした。当然ながら、「日本国」も存在しません。

また「日本列島」に住んでいた人々は、血統的にも文化的にも極めて多様でした。この列島に住む人々の最大の特徴は、"地域的多様性"でした。

したがってこの時代、「日本列島」を1つの単位とした「日本人」または「縄文人」と一括りにできる同質的な集団は存在しませんでした。

その意味で、この列島に人が住み始めてから現在に至るまでの92.5％を占める長大な時間、「日本国」も「日本人」も存在しなかったのです。当時のこの列島の住民は、ユーラシア大陸の東端地域に住む遺伝的・文化的に多様なホモ・サピエンスでした。

　「日本の旧石器時代」や「縄文文化／縄文人」という概念は、現在の日本の領土を基準としてずっと過去にさかのぼった時に見えてくる一種の虚像ともいえます。まるで井戸の底から見上げた円形に縁取られた空を、空そのものと思い込むようなものです。それは、当時の人々の地域ごとに多様な、しかも日本列島の内外に広がり、相互にネットワークされた生活や社会の実態を、ありのままに捉えた概念とはいえません。

　しかし同時に、"地域的多様性"それ自体が、「日本列島」に共通する特徴だったこともまた確かです。「日本列島」は食糧が豊かだったので、比較的早い時期から定住化が進み、安定したムラもできました。これは、「日本人」そのものではありませんが、のちにそれを形成する1つの基盤となったことも見逃せない事実です。当時の「日本列島」に住む人々の、各地域ごとに多様な、しかも生き残るための懸命の努力・発明、そして分業と協働・交易がなければ、その後の「日本人」も生まれなかったことは明らかでしょう。

2　「日本列島」における国家の誕生

　「日本列島」に「国家（クニ）」は、いつ、どのようにして生まれたのでしょう。

水稲作と鉄の伝来

　紀元前10〜5世紀頃、アジア大陸から「日本列島」に水稲が伝わってきました。これは、この列島に暮らす人々の生活を大きく変えました。

　水稲は、単位面積当たりの収量が多く、それだけで生存に必要なカロリーをかなり安定的に確保できます。また、水が豊富なこの列島の地形・気候にもあっていました。

かつては、水稲は中国から朝鮮半島を経て北九州に伝わり、これを伝えたのが「弥生人」とされてきました。またそうした「弥生人」が「日本列島」の在来種の「縄文人」と混血し、現在の「日本人」が形成されたともいわれてきました。「弥生人」と「縄文人」の二重構造説です。

しかし現在、こうした説は否定されつつあります（篠田 2022：219）。水稲の伝来は一時期ではなく、とても長期間にわたり、多様なルートでなされました。したがってそれを伝えたのも、「弥生人」といった１つの同質的集団ではありません。「日本人」の成り立ちも、極めて長期にわたり、アジア大陸の諸地域の多種多様な人々が次々に列島各地に来住して混血を繰り返すという複雑な、しかも地域ごとに多様な過程だったと考えられています。

そして紀元前５～４世紀、これもアジア大陸から鉄器が多様なルートで伝わってきました。これによって鉄製農具で深く耕せるようになり、農業生産力が飛躍的に高まりました。水稲は、今でいう九州地方から東北地方中部まで浸透・定着していきました。

農耕革命の衝撃——なぜ農耕は国家を生み出したのか？

さて、農耕の発展は「国家（クニ）」を生み出します。

なぜならまず農耕は、それ以前の狩猟採集に比べ、高度に目的意識的な自然の改造・制御です。そこで、単位面積当たりの土地で多くの食糧を、しかも安定的に確保できます。

人類は農耕によって、単純再生産の生活から本格的に抜け出しました。

狩猟採集では、基本的には自然の中から食糧を採ってきて、食べて終わりという生活の繰り返しです。もちろん食糧の貯蔵・保存の技術の発展はありますが、それはとても緩やかです。

これに対して農耕では、種を蒔いて植物を育て、それを収穫して食糧になるのは、何カ月も先です。その間に食べる食糧の貯蔵、つまり剰余生産物の生産・蓄積が不可欠です。特に米のような穀物は腐りにくく、大量に保存・蓄積できます。

さらに農業生産力が発展し、たとえば新たな水田を切り拓いたり、鉄製農具で深く耕したり、よく実る種子を選んで撒くといった品種改良をすると、ますます収穫量が増え、剰余生産物も増加します。

　農業生産力の発展は、剰余生産物の累重的・積み重ね的な増加です。つまり人類は単純再生産の生活ではなく、生産力・生活水準を継続的に向上させることができるようになります。

　そして剰余生産物は、当初は不作に備えて貯蔵されたと思われますが、生産力が一定以上に発展すると、ムラどうしの間で他の物資と交換され始めます。交換の発展は、ムラどうしの分業、市場を発展させます。米を大量に蓄積したムラが、塩・土器・鉄・海産物などの生産を得意とするムラと継続的に物々交換を行うようになります。また米などの穀物は長期保存できる上、生活に不可欠で、計量にも便利なので、交換においてまるで現代の貨幣のような役割を果たします。

　さらに農耕による剰余生産物・交易の増加は、それを管理・統率するリーダー——首長——を生み出します。農耕には田植え・収穫などの共同労働、農地開拓・森林伐採・灌漑整備など大規模な土木工事が必要で、その指揮・統率という役割が拡大します。水利・新田開発には、近隣のムラと利害を調整する役割も必要です。ムラの剰余生産物を、いつ、どのムラの何と交換するのが一番有利か、そうした判断・意志決定をする役割も重要になります。平等だったムラのメンバーが、意志決定・管理・統率する人と、される人に分かれていくのです。

　これがさらに進むと、剰余生産物の私的所有が発生します。これまでは収穫物はすべてムラ全体の共有物でしたが、剰余生産物の管理・処分を特定のリーダー——首長——がずっと担当していると、その首長の占有物であるのと何ら変わらなくなっていきます。さらに剰余生産物が増えると首長だけでなく、ムラの一般のメンバーも少しずつ個人でそれを所有できるようになります。こうして同じムラの中でも私的所有が、したがって貧富の格差が広がっていきます。

　剰余生産物がさらに増加すると、首長は農作業に従事せず、管理・統率の役

割だけで生活できるようになります。すなわち農作業に従事して剰余生産物を作り出すのは平民で、首長は平民を管理・統率して生産力をいっそう高め、しかも多くの剰余生産物を占有する立場、つまり平民が作った剰余生産物を搾取する支配階級になります。

そしてこうした首長の身分・私有財産は、血統——家柄——に基づいて相続・継承され始めます。同じ集落の中でも、首長一族と平民一族の身分が固定化していきます。

首長は平民の労働力を統率し、大規模な土木工事・農地開発、灌漑工事を推し進めます。これらは、ムラ全体の生産力を発展させます。しかし同時に、こうして獲得された剰余生産物の多くは、首長が私的に取得します。首長はそれを用いて大規模な住居・墳墓などを建造し、自らの権威・権力をムラ内外に誇示します。

こうして「国家（クニ）」、つまり支配階級——首長——による剰余生産物の搾取、階級的支配のための統治機構が成立します。「国家は、一階級が他の階級を抑圧するための機構にほかな」（エンゲルス 1966：595）りません。

国家を支える諸制度・慣習——官僚・奴隷・差別・戦争

さて、国家の成立に伴い、それを支えるさまざまな制度・慣習も生み出されます。

第1に、文字・数字、官僚制、都市などの文明です。大量の剰余生産物を管理し、国家を運営するには、文字・数字が必要です。また、文字・数字を駆使して管理業務に当たる専門職——官僚——も生まれます。現業職と事務職の分離です。管理機能の集積空間として、都市も必要になります。都市には大規模な官庁、巨大倉庫、剰余生産物を運ぶ直線道路などが建設されます。都市と農村の分離の始まりです。

第2は、奴隷です。平民の中で貧富の差が拡大すると、生活困難に陥る貧困層も生まれます。自然災害・不作で没落する平民も出てきます。こうした貧困層は、首長や富裕な平民の奴隷になって命をつなぐしかありません。首長の権

威を示す大規模な住居・墳墓、都市の建設にも、奴隷の労働力が不可欠です。

　第3は、性差別です。狩猟採集時代のムラは母系の血縁集団で、女性差別はありませんでした（本書40〜41頁を参照）。女性・子どもにも、ムラの生存に不可欠な多種多様な仕事・役割がありました。

　ところが農耕が中心になると、その発展において特に重要な農地の開拓、つまり森林伐採や土木工事、および耕起といった重筋肉労働では、一般的には子どもより成人、女性より男性が主要な労働力となります。

　そして、最も重要な生産手段である農地の開拓が主に成人・男性の仕事で、しかも前述のように私的所有の観念が生じると、農地はそれを切り拓いた成人・男性の所有物といった意識が芽生えてきます。

　さらに男性は、農地を自分の血がつながった子どもに継承・相続させたいと考えるようになります。そのためには、男性は女性と違い、どの子どもが自分の子どもか、特定できるようにしなければなりません。そこで家族のあり方も、一夫一婦制または一夫多妻制へと変わります。こうして人類の社会は母系制から父系制、男性中心のそれへと大きく変化していったと考えられています。女性差別の始まりです。

　そして第4に、国家が生み出したもう1つの悲劇的慣習は、戦争です。蓄積された剰余生産物、および、それを生み出す生産手段——土地・灌漑（かんがい）設備——をめぐる国家どうしの組織的・暴力的な争奪、それが戦争です。

　国家は、狩猟採集時代の血縁集団——ムラ——とは違い、いくらでも拡大できる地縁的組織です。そこで国家の首長は、より多くの剰余生産物・生産手段の獲得を目指し、地域的領域の拡大を目指しました。強い国家は、軍事力をもって周辺の弱い国家、または国家成立以前のムラを征服・統合していきました。戦争に負けた国家・ムラの人々は土地を奪われ、奴隷にされました。鉄は農具——生産手段——だけでなく、刀・矢尻など大量殺戮のための武器——破壊手段——にも加工されました。

　以上のように農耕は、それまでの狩猟採集時代の平和で平等な社会を一変させました。文明とともに、国家・階級・性差別・戦争をもたらしたのです。

「日本列島」における国家形成の特徴

　それでは、「日本列島」において、国家がどのように形成されたのか、より具体的に見ていきましょう。

　紀元前1世紀、「日本列島」の西部、おそらく今の九州に百余りの小国が成立しました。それらの国には、「大人（首長）―下戸（平民）―生口（奴隷）」という身分・階級があったことがわかっています。なおこうした小国は、現地に住んでいた在来集団の人々が内発的に形成したか、またはクニという制度をもった集団が大陸から新たに移住してきたかのいずれかと考えられます。

　2世紀には、そうした小国どうしの戦争が43年間も続き、3世紀にようやく邪馬台国を中心として約30ほどの小国連合が成立しました。邪馬台国の所在地は諸説あり、不明です。

　そして4世紀、これも諸説ありますが、近畿地方に「ヤマト王権」といわれる政権・国が成立しました。ヤマト王権という名称は自称ではなく、現代の人がそのように呼んでいるものです。

　以上のような紀元前1～4世紀頃の「日本列島」に生成した「国家（クニ）」の大きな特徴は、中国の皇帝の権威をバックにしていたことです。こうした制度を「冊封」と呼びます。中国皇帝に冊封されることで、周辺・辺境の一定地域を支配する権限・権威を認証されるのです。当時の中国は東アジア世界の文明の中心であり、世界とは中国皇帝を中心とする1つの空間――「天下」――でした。皇帝の権威と承認の下に、特定地域の支配・統治を認められているのが「国（クニ）」の王でした。皇帝は世界にただ1人ですが、王は各地に多数いました。

　そして邪馬台国やヤマト王権は、中国皇帝によって「倭国」と命名され、その首長は「倭王」に任命されていました。「日本列島」西部の首長たちは、中国皇帝に遣使を送り、奴隷などを献上して臣従を競いあっていました。

　ヤマト王権では、中心となる首長は「大王」と称していました。ただし、それはあくまで王権内部での自称で、東アジア世界の中では「倭王」が正式名で

した。

　倭国には独自の文字もなく、朝鮮半島からの移住者が伝えた中国の漢字を使っていたと考えられています。

　倭国が支配していた領域は、今の日本国の領土とはまったく違います。3世紀までの小国分立の時代は、おそらく九州北部の中で、ごく限られた地域をそれぞれのクニが支配していたにすぎません。4世紀に成立したヤマト王権は、当初は今でいう近畿地方（奈良県）に誕生しましたが、6世紀頃には本州西部・四国・九州北部まで支配領域を拡大していきました。いいかえれば、本州東部・北海道・九州南部・沖縄は倭国ではなく、それぞれ独自の政治・文化圏でした。

　またヤマト王権は、朝鮮半島の最南部——加羅・任那——にも権益をもっていました。朝鮮半島南部の首長たちは、ヤマト王権と密接な関係をもち、高句麗・新羅といった大国が朝鮮半島南部を侵攻・併合しようとすると、ヤマト王権はこれに対抗して出兵・戦争をしていました。ヤマト王権が中国（宋など）の皇帝の冊封を求めた理由の1つは、朝鮮半島での軍事力行使権をもつ官職の獲得にありました。

　つまりヤマト王権の首長たちには、「日本列島」を1つの単位とする「島国」という発想はありませんでした。彼らは「日本列島」西部を中心に、朝鮮半島の一部を含む形で倭国を作ろうとしていたのです。

　そして倭国は、各地の首長の連合政権であり、中央集権国家ではありませんでした。ヤマト王権の大王も、各地の首長たちの盟主にすぎません。

　むしろ倭国に結集する各地の首長たちは、中国・朝鮮の各地の首長とそれぞれ独自に交易・連携していました。その意味でも、倭国は単一の「島国」ではありません。ヤマト王権の大王が朝鮮半島への出兵を命じても、各地の首長が従わない場合もありました。6世紀には、北九州の大首長——磐井——が朝鮮半島の新羅と結んで1年半にわたり、「反乱」を起こしました。ヤマト王権は同じく朝鮮半島の百済と結び、これを鎮圧しました。

　総じてヤマト王権は、東アジアの周辺地域における首長どうしの複雑な合従

連衡・連合政権の1つであり、国境もそれほど固定的なものではなく、揺れ動いていました。

「倭人」とは誰か？　「倭人」の生活と社会

　では、倭国の人々、「倭人」とは、いったいどのような人たちだったのでしょう。

　まず留意すべきことは、倭国という存在自体が、中国の皇帝・朝廷の認証によって成立したことです。つまり「倭人（倭種）」とは、当時の中国の朝廷・官僚が、人々の形質・風俗・言語などに注目して括ったステレオタイプなカテゴリーにすぎません。

　当然、倭国の地域的領域も漠然としていて、地図の上に明確に線引きされるようなものではありません。「倭人」とは、世界の中心である中国から見て、東方の辺境、大海の近くの漠然とした地域に住む未開人──「東夷」──の一部を指す呼称でした。ただしこれは、あくまで中国の朝廷の世界観にみる「倭国／倭人」です。

　中国皇帝から倭国と承認された当事者、つまり倭国の首長たちの視点からみれば、最も厳密には中国皇帝から「倭」という姓を授けられた首長一族だけが、名誉ある「倭人」でしょう。もう少し広義には、倭国の直接の支配下にあり、徴税・徴兵などの義務を課せられた平民も「倭人」といえるかもしれません。奴隷は、倭国の正式の構成員としての「倭人」ではなく、だからこそ中国皇帝に献上されました。

　倭国の平民は、各地の首長の支配の下、一定の農地を割り当てられ、水稲をはじめとする農耕で生計の一部をたてていたと思われます。いいかえれば、倭国という国家によって土地に縛りつけられ、移動の自由を制限されていました。また倭国によって徴税・徴用・徴兵──剰余生産物と労働力の搾取──を課されていました。

　首長や平民は、男女とも一応、「倭人」とみなされていたようです。

　しかし前述のように、国家の形成は、男性の優位と表裏一体です。倭国の首

長も、ほぼすべて男系で世襲されていました。例外として邪馬台国の卑弥呼などの女王がいますが、これも男性の諸首長によって推戴された呪術的象徴と考えられています。また女王は生涯独身で、子どもを生むことを認められていませんでした。男系の王位継承がすでに確立していたからこそ、女王に特定の男性の子どもが生まれることを避けたと考えられます。

　さて、「日本列島」の中でも、ヤマト王権の支配が及ばない東北地方より北、および南九州・西南諸島に住んでいた人々は、いうまでもなく「倭人」ではありません。「日本列島」を1つの単位として見れば、そこに広がっている最大の特徴は縄文時代のそれと同様、"地域的多様性"だったといえましょう（石川 2010：213-214）。

　また倭国が支配している領域の中でも、人々の生活は水稲だけでは成り立ちません。実際には、各地域ごとに狩猟採集・漁労・養蚕・製塩、そして土器や鉄器の製造が活発に行われ、多様な畑作もなされていました。それらの剰余生産物は、市場で交易されていました（網野 1997 上：131-133）。したがって、この領域内のすべての土地・人々が、倭国という権力に完全に支配されていたわけではありません。そもそも当時は、住民すべてを正確に把握する戸籍もなければ、誰がどこでどのような生産・交易活動をしているかを完全に調査・把握する手立てもありません。したがってそこから徴税・徴用・徴兵することもできません。

　さらに前述のように倭国は、各地の首長による連合政権です。民衆に対する支配も、各首長ごとに別々になされていました。したがって狭義の「倭人」とは、大王の一族と、その直轄地の平民に限定された概念だったともいえましょう。

　以上のように、当時の「日本列島」の住民には、倭国の支配下に入らない多様な人々、「倭人」ではない人々が大きな位置を占め、それぞれが日本列島・朝鮮半島・アジア大陸の多様な諸地域と独自の交流・交易をしながら生きていました。

　むしろ、そうした多様な民衆が形成する広大な社会・経済・生活のネットワークがまず存在し、そのうちのほんの一部だけを支配・統治していたのが倭

国であり、その支配を比較的濃厚に受けていたごく一部の人たちだけが「倭人」だったという方が、実態を正確に表現しているでしょう。

当然ですが、当時は「日本国」という国名はありませんので、「倭国／倭人」は「日本国／日本人」ではありません。「倭国」を「日本史」の単なる一時代とみなすのは、「倭国」、およびこれを否定して成立する「日本国」の双方の歴史を不当に歪めるものといわねばなりません。

《関連年表》

B.C.	108	この頃、倭国、百余国に分立。楽浪郡を通じて漢と交渉。
A.D.	57	倭奴国王、後漢に遣使。
	107	倭国王、後漢に遣使、生口（奴隷）160人を献ずる。
2世紀頃		倭国大乱。
	239	邪馬台国（倭）・卑弥呼、魏に遣使。
	391	倭軍、百済・新羅と戦争。
	400	倭軍、高句麗と戦争。
	413	倭国、東晋に朝貢。
	421	倭王讃、宋に遣使。
	438	倭王珍、宋に朝貢、安東将軍に。
	443	倭王済、宋に朝貢、安東将軍に。
	462	倭王興、宋に朝貢、安東将軍に。
	478	倭王武、宋に遣使、安東大将軍に。
	479	倭王武、斉に遣使、鎮東大将軍に。
	527	磐井の乱。
	562	新羅、任那日本府を滅ぼす。

コラム3　ホモ・サピエンスの世界拡散

　ホモ・サピエンスは、なぜアフリカから全世界へと拡散したのでしょう。
　それは、脳の発達という特殊な進化の道筋を歩んだ生物だったからです。ホモ・サピエンスは、自然の因果関係を脳によって認識し、自然を自らの生存に適した形へと目的意識的に改造します。こうした独特の行為を「労働」と呼びます。
　道具の発明・使用は、その象徴といえましょう。ただの自然物である石を、石斧・石槍へと目的意識的に改造し、それを用いて堅い木の実や大型動物も食糧へと変えました。最初は恐怖の的でしかなかったであろう自然の火も、暖房・調理・照明・殺菌・猛獣から身を守る安全装置などの目的に利用し、発火の因果関係を脳で認識すると自ら火を起こすようにもなりました。
　こうした労働は、他の動物には見られない、ヒトの大きな特徴です（マルクス 1965a：234）。たとえばミツバチは、みごとな六角形の巣を作ります。しかしそれは脳の進化を伴わず、自然の本能のままの行動です。これに対し、ヒトは脳によって自然の因果関係を認識し、目的意識的に労働します。そこでミツバチとは違い、必要に応じてさまざまな材料で、どのような形の部屋でも作れます。失敗もしますが、その原因も脳で考え、しだいに上手になります。
　また脳の進化は、言語・コミュニケーションも発達させました。ヒトは、互いの知識を共有し、時間あわせ・場所あわせをして、大規模で複雑な協働を組織し、効率的に自然を改造していきました。
　こうしてヒトは、さまざまな自然環境に適応し、地球上のほとんどの地域に拡散していきました。
　こうした労働・協働は、ヒトの脳をますます進化・発達させました。ヒトは労働・協働によって、自らを進化させてきたともいえましょう。他のヒト属——ホモ・ネアンデルターレンシス、ホモ・エレクトゥスなど——が滅び、ホモ・サピエンスだけが生き延びてこられたのも、こうしたヒトとしての能力が少し優れていたためと考えられています。
　しかしホモ・サピエンスは、あまり得意になりすぎてはなりません。どんなに

能力を高めても、自然・生態系の因果関係のすべてを知り尽くし、完璧に制御することは永遠かつ絶対に不可能です（エンゲルス 1968：354-355、491-492）。自然は無限、人知は有限なのです。

　そこでホモ・サピエンスが、どんなに自然の因果関係を正しく認識し、最適の生活環境を目指して労働・協働しているつもりでいても、自然は必ずホモ・サピエンスにとって「予期せぬ／意図せざる結果」をもたらします。

　たとえば、脳を駆使した効率的な狩猟は、「狩り尽くし」による飢餓を引き起こしました。実際、ホモ・サピエンスが進出した地域では、地球上どこでも大型動物——マンモス・ナウマンゾウ・オオナマケモノ・オオツノシカなど——が絶滅したといわれています（ハラリ 2016：94-99）。ホモ・サピエンスは食糧の効率的な確保という目的に沿って、自然の法則性を認識し、合理的に労働・協働しただけです。しかしそれは、「予期せぬ／意図せざる結果」として、大切な食糧である大型動物の絶滅という深刻な環境破壊をもたらしました。

　そこでホモ・サピエンスは、獲物が豊かな未踏の地へと移動せざるをえず、その結果、地球のほぼ全域に拡散したのです。

コラム4 ホモ・サピエンスの単一性と多様性

「人種」は生物的、「民族」は文化的な区分だという誤解は、今も根強く生き続けています。これは、まったくの誤解です。

まず、現代の生物学の主流的知見は、「人種」の生物学的根拠をきっぱり否定しています。そもそも有性生物の種を区別する一般的基準は、交配して子孫を残すことができるかどうかです。その観点からいえば、ホモ・サピエンスは単一の生物種であり、いわゆる「人種」が生物学的な種でないのは明白です。

また21世紀の遺伝子研究の進展は、「人種」に生物学的実体がないことを重ねて実証しています（篠田 2022：256）。

ホモ・サピエンスのゲノムは99.9％まで共通しており、極めて均質的です。その遺伝子的多様性は、チンパンジーのそれに比べても低いとされています（海部 2022：235）。

しかも残りの0.1％のゲノムの多様性も、ほとんどは個人差、または明確な境界線をもたない地縁・血縁集団の連続的な差であり、いわゆる「人種」とは無関係です。

ホモ・サピエンスは世界各地に拡散する過程で、各地域の環境に適応して、遺伝子のごく一部を変異させました。たとえば大人になっても動物の乳を飲める乳糖耐性、貧血のリスクとひきかえにマラリアへの免疫をもつ鎌形赤血球の遺伝子の獲得などです。これらはいずれも、特定地域に居住したホモ・サピエンスにとって、生存に必要不可欠な突然変異でした。

このように、現存するホモ・サピエンスの遺伝子的多様性は、その大部分が各地域の苛酷な環境の中で生き残るために獲得してきた貴重な遺産と考えられます。

またホモ・サピエンスは、こうした遺伝子的変異よりはるかに大規模に、遺伝子上に痕跡を残さない文化的変化を創造してきました。こうした多様な文化もまた、それぞれの時代に地域ごとに交流・混交しながら形成されてきたのであって、現代の私たちがイメージする「民族」とは混同できません。

そして文化もまた、多様であるだけでなく、ホモ・サピエンスとしての普遍

性・同質性をもっています。

　たしかにホモ・サピエンスの感情やその表現の文化的様式は、時代や地域によって多様です。言語もまた多様で、変化に富みます。しかしそれにもかかわらず、ホモ・サピエンスには普遍的に喜怒哀楽の感情があり、うれしい時に笑い、悲しい時に泣きます。言語も、ホモ・サピエンスの脳の言語野で処理した、したがって同一の構造──品詞、主語・述語など──をもち、互いに翻訳・理解が可能です（チョムスキー 1963、ソシュール 1972）。

　そして、より重要なことは、ホモ・サピエンスの最大の普遍性・同質性が、既存の遺伝や環境／自然や文化によって一方的に規定されず、それらを主体的に創造・変革し続ける点にあることでしょう。

　そこで、遺伝と環境、生物と文化といった二分法は、実際には意味がありません。人間が遺伝子によって、または環境によって、それぞれ何％規定されるといった、主体論を欠いた議論はそもそも意味がないのです。またそのような遺伝・環境の双方による「決定論」は、どちらも遺伝・環境の多様性にのみ関心を向けさせる恣意的な立論ともいえましょう。

　総じていえば、「人種」が生物・遺伝的、「民族」が文化的といった単純きわまりない二分法は、人間というものの本質的な理解において根本的な誤謬といわざるをえません。

> **コラム5** 農耕が作り出した「世界」

　人類が農耕を発明した時期については諸説があり、研究の進展に伴って、より古い時代へとたえず更新されています。ただし、農耕が急速に普及したのは、概ね1～2万年前、地球の氷期が終わり、温暖化が進んだ時期とみなされています。

　農耕は、国家・市場・戦争、そして多様な文明を発展させました（本書42～45頁を参照）。しかし同時に留意すべきは、それらがいずれも「世界」の創造でもあったことです。

　まず第1に、紀元前30世紀頃、メソポタミア・エジプト・インダスで都市国家が成立しました。しかし強力な国家は、戦争や統合によって全世界を支配する「世界帝国」化を目指しました。各国家の「王」の上に君臨し、世界を支配する「大王／皇帝」も登場しました。

　紀元前16世紀頃、中国で多数の都市国家を統一して殷王朝が誕生しました。紀元前7世紀にはオリエントを統一したアッシリア、紀元前4世紀には地中海沿岸を支配したマケドニアやローマ、そして紀元前3世紀には中国の秦のように、多くの民族を支配する「世界帝国」が次々に形成されました。

　とりわけ中国の「世界帝国」は、秦・漢・魏など王朝の変遷を繰り返しつつ、その周辺地域である「日本列島」での倭国の成立にも多大な影響を与えました（本書47～51頁を参照）。

　第2に、市場も国家の領域を超え、人々を「世界」の一員として結びつけました。市場は、専門的な商人、鉄器・衣類などを作る職人、最初から市場で売ることを目的として特定種類の農作物だけを作る農民など、分業を促進します。こうして人々の相互依存が強まり、その範囲も急速に拡張します。

　当初、市場で何とでも交換できる普遍的な媒体は、主に家畜や穀物だったといわれています。しかし後に、交換媒体の機能しかもたない特殊な商品として貨幣が発明されました。簡単にもち運べ、大量に蓄積できる貨幣の登場は、市場をますます拡大しました。

　貨幣は、地域・国家ごとに多様です。しかしただの金属の小片や紙切れを普遍

的な交換媒体と認め、種類が違っても一定のレートで交換し、その蓄積を富裕の証とみなし、できればそれをたくさん欲しいと望む意識・感情で、人類は１つにつながりました。市場・貨幣は、人類を「世界」化する重要な紐帯だったといえましょう（ハラリ 2016 上：224）。

　そして第３に、文明——文字・数字、文化・芸術など——も「世界」の創造です。言語・文字が一見、多様でありつつ、実は全人類に普遍的であることはすでに述べました（「コラム４」を参照）。数字も、同じです。

　剰余生産物が増加すると、自らは物財を生産せず、他者が作った剰余生産物に依存して精神労働に専念する人々——学者・芸術家・宗教家——の存在も可能になります。そこで哲学・科学・芸術・宗教などが発展します。それらもまた多様で個性的ですが、しかし全人類がそれらを理解・鑑賞・批判できるという意味で世界的です。特定の民族・階級だけでなく、世界の成り立ちや、人類の救済の道筋を解明しようとする世界宗教——イスラム教・キリスト教・仏教など——も誕生しました。

コラム6　農耕が拡大した「疎外」

　農耕が人間にもたらした「生きづらさ」は、階級・差別・戦争（本書43～47頁を参照）だけではありません。

　第1に、自然環境破壊があります。狩猟採集時代にも人類は、大型動物の「狩り尽くし」など、自然環境破壊を引き起こしてきました（「コラム3」を参照）。

　しかし農耕による自然環境破壊は、さらに大規模です。農地拡張のための森林伐採は、数え切れない生物種を絶滅させました。それはまた大地の保水力を奪い、洪水・干ばつを多発させました。多くの都市国家・文明が、洪水・氾濫・干ばつによって滅亡していきました。

　一方、ネズミは備蓄された穀物を餌として、また森林破壊でオオカミ・フクロウなどの天敵が減ったため、大繁殖して人間に感染症を広げました。人間が家畜と近接して生活し、また農耕に必要な滞留水が身近にあることも、新たな感染症の発生と蔓延の原因になりました。

　第2に、労働の質も大きく変化しました。農耕は狩猟採集に比べ、はるかに遠い未来の目標のために、現在を生きなければなりません。収穫より前に、洪水・干ばつ・害虫などの被害が発生し、飢饉に陥るかも知れません。人間は、つねに未来を懸念・心配しながら今を生き、「今／ここ」を未来のための単なる手段にしなければならなくなりました（ハラリ 2016 上：131-132）。未来のリスクに周到に備えようとすればするほど、「今／ここ」でいくら努力しても、まだ足りなくなります。人間は、無限の勤勉・労働強化に自らを追い込む入り口に立ちました。また、長期にわたる努力が無駄骨に終わり、深刻な失望、時には再起不可能の絶望すら経験しなければならなくなりました。

　さらに農耕は狩猟採集と違い、失敗してもすぐ別の場所に移動できません。土地に縛りつけられ、年間をとおして農作物の世話に勤しむ姿は、まるで人間が植物の家畜になったかのようでもあります。

　そして第3に、農耕が生み出した階級——奴隷制——は、生きた人間の生命——生活よりも生産性を重視する"無慈悲な社会"の成立でもありました。

奴隷主は、より多くの剰余生産物を絞り取るため、奴隷に長時間・重労働を強います。また奴隷自身が生産性に応じて価格をつけられ、商品として売買されます。生産性が低く"無駄飯食い"の烙印を押された奴隷には、家畜と同様、処分された人もいるでしょう。

　市場もまた、人間の絆を"冷たい"関係に変えました。市場での信用は人格や情義ではなく、私的所有の多寡、特に貨幣の所有量で測定されます。生産や交換の目的も、人間の生命―生活にとっての必要性、または長期的視野に立った互恵ではなく、その場限りの数値化された価値・価格の確保にシフトします。たとえどんなに飢えた人がいても、市場では貨幣・私的所有物がなければ食糧を入手できません。

　戦争や差別を含め、こうした"非人間的"な社会を生み出したのは、ほかならぬ人間自身です。人間は、"非人間的"になることができる唯一の生物です。ゾウやアリは、"非ゾウ的／非アリ的"に生きられません。それは、人間だけが脳の進化に基づき、人間自身を含むあらゆる自然を単なる手段として、目的意識的に制御・改造するからです。こうした人間自身が作り出す"非人間的"な「生きづらさ」を、カール・マルクス（1975a・b）は「疎外」と呼びました。

　人間は、自ら作り出した「疎外」についてもまた、その発生の因果関係を脳によって認識し、解決・克服していきます。その繰り返しの中で、人間は人間として"人間的"に進化・発達していきます。

コラム7　労働価値説・剰余価値説

　本書の理論的基礎の1つは、労働価値説・剰余価値説です。

　労働価値説とは、あらゆる価値と富の源泉は人間の労働にあるという理論的立場です。ウィリアム・ペティ（1952）、アダム・スミス（1988）、デヴィッド・リカード（1987）など、イギリス古典派経済学の基礎理論として発展してきました。

　これを批判的に継承し、剰余価値説を打ち立てたのが、カール・マルクス（1965a・b）です。マルクスによれば、人間の労働生産物には2つの価値があります。

　1つは、どのように役立つかという有用性——使用価値——です。これを生み出すのは、人間の労働の質です。

　もう1つは、交換価値です。まったく異なる質の生産物でも、市場で価格をつけられ、交換されます。それは、どんな生産物にも共通する交換価値があるからです。交換価値の多寡は、生産物の生産に必要な労働の量——労働時間——によって決まります。

　しかもここで重要なことは、人間の労働が価値を生み出す源泉である以上、人間は労働によって、自分自身の「生命—生活（life）」を単純再生産するのに必要な価値以上の価値、すなわち剰余価値を生み出します。だからこそ人類社会の生産力・人類の生活水準は、累重的に発展・向上していきます。

　しかも剰余価値の生産は、人類社会に私的所有・貧富の差、さらに剰余価値の搾取と被搾取、つまり階級構造も生み出します。

　たとえば奴隷制社会で、奴隷が1日15時間働いて作った穀物のうち、12時間分が奴隷自身の生存に必要不可欠だとすれば、残りの3時間分の穀物が剰余生産物として奴隷主に搾取されます。それで、奴隷制という階級社会が成り立ちます。また生産力があまり発達していない段階では、奴隷には長時間労働が課され、それでも奴隷主が搾取できる剰余生産物の比率、つまり搾取率は高くできません。たとえば3時間分以上の穀物を搾取してしまうと、奴隷が生存不可能になり、奴隷制が維持できません。もちろん、ここで挙げた時間数はすべて実際のものでは

なく、わかりやすく説明するためのものです。

　封建社会で、農民が１日10時間働いて作った穀物のうち、５時間分が農民自身の生存に充てられるとすれば、残りの５時間分が封建領主に年貢として搾取されます。いわゆる「五公五民」です。

　現代の資本主義社会も同じです。労働者が１日８時間働いて作った価値のうち、２時間分が労働者自身の生存費つまり賃金として支払われれば、残りの６時間分の剰余価値が資本家に利潤として搾取されます。

　このように、形は変われど被支配階級が生産した剰余価値を支配階級が搾取することで、階級社会は成り立ちます。そこでまた、剰余価値の比率をめぐり、いつの時代も階級闘争が発生します。たとえば、奴隷の反乱、農民の一揆、労働者のストライキなどです。

　生産力が発展し、たとえ被支配階級の生活水準が向上しても、それ以上に搾取率——支配階級による剰余価値の取得率——が上昇すれば、階級間の貧富の格差は拡大し続けます。

　そして生産力の累重的な発展、および、支配階級と被支配階級の階級闘争によって、人類の社会やその基礎となる生産様式は、奴隷制から封建制、そして資本主義へと歴史的に変化していきます。「人間は、自分で自分の歴史をつくる。しかし人間は、自由自在に、自分でかってに選んだ事情のもとで歴史をつくるのではなくて、あるがままの、与えられた、過去からうけついだ事情のもとでつくる」（マルクス　1962：107）のです。

　なおマルクスは、当初、各国家がそれぞれ奴隷制から封建制、そして資本主義に進むという、一国単位の単線的な進歩史観をもっていたようです。しかしその後、植民地などの研究をふまえ、奴隷制・封建制が単に「古い／遅れた」制度ではなく、グローバルな資本主義によって、たえず維持・再生産される現実を解明しました。一国単位の単線的進歩史観を克服したのです。

第 2 章

「日本」の誕生と分裂・流動化

1 「日本国／日本人」の誕生

「日本国／日本人」はいつ、どのようにして生み出されたのでしょう。

東アジア世界の激動と日本国の誕生

それを知るにはまず、6世紀末の東アジアの情勢に注目しなければなりません。

中国では、3世紀に後漢が滅びた後、分裂状態が続いていましたが、6世紀末〜7世紀初め、隋・唐があいついで統一を果たしました。400年ぶりに、強大な世界帝国が誕生したのです。周辺地域には政治的緊張が高まり、ヤマト王権の朝鮮半島での権益も失われました。

こうした中でヤマト王権は、2つの外交を推し進めました。

1つは、中国の皇帝に遣使——遣隋使・遣唐使——を続け、中国の政治制度——律令制——を学び、自国を中央集権化することです。

もう1つは、中国中心の世界秩序から離脱・自立を目指すことです。

それまでのヤマト王権は中国皇帝の冊封を受け、倭王に任命されることで倭国を成り立たせてきました（本書47〜49頁を参照）。

しかし6世紀末以降、ヤマト王権は中国に遣使を続けつつ、冊封・官職は受けない方針に転換しました。たとえば、遣隋使に「日出ずる処の天子、書を日没する処の天子に致す、つつがなきや」といった国書を届けさせました。これではまるで、世界に対等な2人の天子——皇帝——がいるかのようです。中国皇帝は、倭国の無礼に激怒したと伝わっています。ヤマト王権も極めて大きな政治的緊張感をもって、この国書を送ったと考えられます。

一方で中国の律令制を学び、他方で中国の支配から離脱するのは矛盾していると感じるかも知れませんが、そうではありません。当時、律令制を取り入れることは「文明化」であり、そうしなければ巨大な中国の覇権に吸収されかねませんでした。ずっと後の19世紀、日本が西欧諸列強による植民地化を危惧し、「西欧化・文明開化」したのと似ています。

そして663年、ヤマト王権はついに朝鮮半島で唐・新羅の連合軍と全面戦争——白村江の戦——に突入しました。

しかしヤマト王権は、壊滅的ともいえる敗北を喫し、朝鮮半島での権益も最終的に失いました。敗戦後、ヤマト王権は、唐・新羅の来襲に備え、朝鮮海峡を軍事的防衛線として、対馬—北九州—瀬戸内海—近畿に防衛体制を敷きました。多くの山城・水城を築き、兵士——防人——を配備したのです。ヤマト王権はこの時、初めて朝鮮海峡を「国境」とし、自らを「島国」化したともいえます。また「島国」内部で、大王中心の中央集権体制をいっそう、強化していきました。

こうした極度の軍事的緊張の下、7世紀末～8世紀にかけて、ヤマト王権は国名を「倭国」から「日本」、君主の称号を「大王」から「天皇」に変更しました。これが「日本」の誕生です。

したがって、これ以前は「日本」という国は存在しません。最初の天皇が誰だったかについては諸説ありますが、少なくとも7世紀末以前の「天皇」は、後になってから命名されたものです。

日本国と天皇の国際的位置

さて、「日本国」という国名、「天皇」という称号は一見すると、中国を中心とする冊封体制からの離脱、一種の"独立宣言"のように見えます。

しかし、そういいきれるかどうかは微妙です。独立宣言は、宗主国に明確に通告してこそ有効です。中国が「日本国」の国名を正式に承認したのは、8世紀初めにヤマト王権が送った遣唐使においてでした。

「日本」とは元来、日の出の方向、つまり東方を指す普通名詞です。「日本国」とは、中国を中心としてみた時、東方にある国です。同時にまた「日本」は太陽の真下・地上の中心、または東の「日本」と西の「中国」を対等とみなす解釈の余地もあります。つまり「日本国」は、見る立場によって異なる解釈が可能な玉虫色の国名でした。中国は当然、これを「東方の国」と解釈して承認しました。日本は、それ以外の解釈の余地をあえて主張せず、むしろ中国の

承認を得られるように細心の注意を払って、この国名を選んだと考えられます。かつて中国と戦った「倭国」と新たな「日本国」の関係も、日本側は曖昧にしか伝えなかったようです（坂上 2011：29）。このようにして、「日本国」の国名はかろうじて中国に承認されました。

しかし、「天皇」の称号はそうはいきません。「天皇」の語源には諸説ありますが、「皇」の文字を含む以上、中国は決してこれを認めません（大津 2020：15）。皇帝は世界で唯一無二の存在です。そこで日本は、「天皇」の称号については、中国に隠しました。「天皇」は国内での自称であり、東アジア世界では公認されていませんでした。

総じて「日本国」とその君主である「天皇」は、中国に対する公然たる"独立宣言"というより、ある種の隠蔽・ごまかしを含む形で誕生しました。そこでこれ以降、日本国は中国・朝鮮などとの外交に消極的にならざるをえませんでした。公式外交をすれば、「日本国天皇」の称号を使わなければなりませんが、中国・朝鮮がこれを認めるわけがありません。8世紀以降、唐が衰退して遣唐使の派遣が減少したことは、こうした日本国の消極的外交を可能にしました。

日本国の小中華・小帝国化

さて、「倭国」から「日本国」へと変身する過程で、ヤマト王権は中国の政治制度——律令制——を取り入れ、中央集権化をいっそう、推し進めました。

まず大化改新で有力豪族の蘇我氏を倒し、大王家への集権化を進めました。

また大宝律令で各豪族がそれぞれ所有・支配していた土地・人民を、一元的に国有——公地公民——にしました。6年毎に公民を調査して戸籍に登録し、「田地（口分田）」を割り当て——班田収授——、耕作させました。税制も整備し、公民から米（租）・各地の特産品（庸・調）を徴収し、労役（雑徭）も課しました。公民を徴兵し、九州に防人として、また中部・関東にも派兵しました。

さらに中国を見習って巨大首都——藤原京・平城京・平安京——を造営し、これを中心に全国各地に幅数十メートルの直線道路を張りめぐらしました。中央・地方の官僚制・行政組織も整備しました。

中国を見習い、独自の銭貨——富本銭、和同開珎——も発行し、元号を作って時間秩序も統制しました。

このように「倭国」から「日本国」に変わる過程で、ヤマト王権は中国の政治制度を取り入れ、ただし中国の皇帝ではなく、日本の天皇を中心とする独自の中央集権体制、いわば「小中華」を構築しました。こうした律令制の整備においては、朝鮮半島から渡来・亡命した帰化人の知識・技術が大きな役割を果たしました。

そして日本国は、やはり中国と同様、帝国化も目指しました。もちろん中国のような東アジア全体を支配する巨大帝国にはなれません。身の丈にあった「小帝国」を目指したのです。すなわちまず日本列島の東北地方に住む蝦夷を武力で侵略し、南九州の隼人にも圧力をかけ、征服しました。日本国の支配領域は、日本列島の東北北部から九州南部にまで広がりました。さらに日本国は、今でいう中国・東北地方と思われる粛慎にも派兵し、渤海国から遣使を受けました。

8世紀、唐が衰退して来襲の危機がなくなったことが、日本国に東北・九州の侵略、首都造営などの余裕をもたらしました。

日本国の独自性

さて、このように中国の政治制度を取り入れ、独自の小中華・小帝国となった日本国ですが、中国とは違う独自の特徴もありました。

まず第1は、天皇の権威の根拠を、「神話（天孫降臨）」と「血統」に据えたことです。

中国皇帝の権威は、儒教の天命思想に基づきます。皇帝は天命を受け、「天下（世界）」を統治する人間です。天命とは、普遍的な世界・宇宙の摂理・法則で、だからこそ「天子（皇帝）」は世界で唯一無二の存在です。そして天子に徳がなければ天命が改まり、別姓の人間に天命が下ります。皇帝といえども神ではなく、あくまで姓をもつ人間で、天命には逆らえません。そこで中国では王朝が次々に交替し、「革命（易姓革命）」が起きます。

これに対し、日本国は中国の律令制を受け入れる際、天命・易姓革命思想を慎重に取り除きました。なぜなら日本は、中国皇帝の存在を否定せず——否定するほどの実力はなく——、したがって天皇は世界で唯一無二の存在とはいえません。そこで日本では、天皇の権威の根拠を普遍的な天命ではなく、日本という独自の国を作った「太陽神（天照大神）」の直系子孫であるという神話に据えました。

　そこで日本では、天皇の地位は血統的に独占されます。また天皇は、人間としての姓をもちません。天皇は、戸籍の作成をとおして人間に姓を授ける存在です。また天皇は神の子孫であるため、悪政を行っても政治責任を問われず、易姓革命も起きません。

　日本の朝廷には、行政を司る太政官と並び、天皇の祖先神の「祭司（神道）」を担当する神祇官も設けられました。こうした神話と血統主義に基づき、9世紀頃から日本国の支配階級の中には「日本は神国」といった思想も生まれました（川尻 2011：83）。

　第2に、日本では天皇の権威が血統主義なので、支配階級全体の中でも血統主義が色濃く残りました。個々人の能力ではなく、血統・家柄が重視されたのです。上級官僚の地位も、皇族・有力豪族が独占——蔭位の制——しました。中国では官僚を登用する能力試験として科挙が実施されましたが、日本は導入しませんでした。

　日本の律令制は中国のそれとは違い、「拡大部族制（血統主義）」を基礎とした律令制との混合体制ともいわれます（斎川 1999：221）。

　第3の特徴は、稲作至上主義です（網野 2005：258、2008：120）。中国の律令制では、南部は米、北部は小麦を主とし、それ以外の農作物・畑地も重視していました。

　これに対し、日本の律令制における公地は主に水田、公民も稲作農民です。最も基本になる税も、米（租）でした。現在の日本人が米を主食とし、日本の原風景といえば水田の農村を思い浮かべるのも、こうした律令国家としての日本国——瑞穂の国——の誕生と無関係ではないでしょう。

そして第4の特徴は、女性の地位の「高さ」です。中国の律令制では、班田収授・課税の対象にされたのは男性のみでした。しかし日本では、「租（米）」を徴収する口分田は男性だけでなく、女性にもやや面積は少ないけれど給付されました。つまり女性も、班田収授の対象・「公民」にされました。これは、女性の地位の「高さ」というより、女性も国家による徴税・搾取の対象とされたというべきかもしれません。

なぜ日本では、女性も徴税の対象とされたのか、はっきりした理由は不明ですが、1つ考えられるのは、当時の日本の稲作の生産性が低く、男性のみではなく、女性も公民にして課税対象にする必要があったということです。当時、租は収穫の3〜10％程度だったといわれ、90％以上は公民の手元に残さなければ、班田収授・律令制を維持・再生産できませんでした。1人当たりの公民から徴収できる租は微々たるもので、国家としては公民を幅広く女性にも広げる必要があったのかも知れません。

もう1つ考えられるのは、日本の律令制は前述のように血統主義でした。そこで支配階級の中でも女性にも財産権・相続権があるなど、血縁社会・ムラ的慣習が根強く維持されたのかも知れません。

日本国の矛盾と崩壊

このようにして日本国は成立しました。しかしそこには多くの矛盾があり、日本国は成立とほとんど同時に、崩壊に向かいました。

まず第1に、稲作至上主義には無理がありました。実際の公民は稲作だけでなく、さまざまな生業――狩猟採集、鉄・布・塩・炭・土器・木器の製造、運輸、商業、焼畑など――に従事していました。特に労役・兵役の義務を課されなかった女性は、養蚕・絹織物・商業など、多様な生業で活躍していたと考えられます。

日本列島の内外を問わず、移動生活をする人々、すなわち戸籍で把握されない民衆も多数いました。中国・朝鮮との交易活動に従事する人も、少なくありません。前述のように、日本国は中国・朝鮮との外交・交易に消極的で、遣唐

使も途絶えました。しかし、民間の貿易・交流はいっそう活発になりました。多くの唐・新羅の商人が、日本国に渡航してきました。日本国から唐・新羅に渡った人も、多数いたと考えられます。当然、混血も進みました。

　また日本列島には水田の公地以外にも、広大な山野河海があります。そのほとんどは「無主の地」とされ、民衆が共同利用していました。燃料・建材・食糧・肥料などを採取していたのです。一部の土地は、運輸・商業など経済活動の拠点として利用され、事実上の私有地──「庄」──とされていました。

　総じて公地公民といっても、実際にはその枠組みから外れた広範な土地と民衆の生活があったのです。むしろそうした多種多様な民衆の生業・生活のごく一部だけを「公地公民」と規定し、その枠内で剰余生産物──租庸調など──と労働力を搾取することで、律令国家としての日本国は成立していたというべきでしょう。

　第2に、公地公民制の限界・矛盾も明らかでした。稲作における生産性の低さもあいまって田地は不足し、重い税負担によって、公民の生活は困窮しました。納税できず、債務を抱え、奴隷になる人も続出しました。

　しかも最大の問題は、公地公民制では、新たな農地開発・生産性向上の意欲が生まれないことです。すべての農地・人民は国有で、私的所有は原則として禁止されました。そこで、たとえばある公民が新田の開拓、または灌漑設備の改善をしても、6年ごとの班田収授の際、「国のもの」として没収されます。これでは誰も、農地開発・生産性向上に取り組みません。公地公民制は、農業生産力の停滞を引き起こしました。

　そこで8世紀、つまり律令制が確立してまもなく、公地から逃散して浮浪人になる公民が続出しました。公地も荒廃していきました。民衆は広大な山野河海へと逃げ出し、自由な生活を求めたのです。

　庸・調として納付する布・特産品も、粗悪化が進みました。公民たちは粗悪品を国家に納め、良質品は市場で売って自らの利益にしたのです。

　戸籍の偽造も多発しました。「租（米）」は男女とも課税されましたが、庸・調・雑徭・兵役は男性成人だけに課されました。そこで当時の戸籍には、男性

成人は少なく、女性・高齢者・子どもが異常に多く記載されました。100歳以上の高齢者も、戸籍に多数記載されています（川尻 2011：210）。実際には死んでも、生きていることにして遺族が口分田を受け取り続けたと考えられます。

こうした公地からの逃散・粗悪品納付・偽戸籍は、公民たちによる広義の階級闘争といえましょう。これにより、9世紀には国家財政も行きづまり、律令制としての日本国は事実上、機能不全に陥り、崩壊していきました。

第3に、地方の民衆もまた、日本国に激しく反抗しました。前述の血統主義により、日本国の高級官僚の地位は皇族や近畿の豪族が独占しました（坂上 2011：93）。当然、地方豪族は不満です。

地方豪族・有力農民——富豪——の中には、公地から逃散した浮浪人を雇用し、私的に田地を開発したり、運輸・商業などを経営する者も現れました。彼・彼女たちは、日本国への納税を拒否し、武装して朝廷に抵抗しました。9世紀には、こうした人々は関東では「群盗」、瀬戸内海では「海賊」などと呼ばれました。「盗／賊」という呼称は、あくまで日本国の朝廷からの見方です。当事者から見れば、その行為は、より豊かに生きるための当然の経済活動であり、何も働かずに一方的に徴税するだけの日本国の方が、よほど「盗／賊」ということになるでしょう。こうした武装勢力は新羅の商人などとも連携し、日本国に謀反・反乱を起こしました。

さらに8〜9世紀、いったんは日本国に服属していた南九州の隼人・東北の蝦夷も大規模な反乱を起こしました。日本国は大軍を派遣して、これらを鎮圧しました。しかしそのための財政・徴兵の負担は、公民の不満をいっそう膨張させ、日本国の基礎を掘り崩しました。

最後に第4として、気候変動——干ばつ・飢饉、洪水——、および、あいつぐ地殻変動——富士山などの大噴火、大地震・大津波——など、自然の猛威もまた日本国の弱点を直撃しました。

多種多様な産業を重視していれば、災害のリスクも分散されます。しかし、稲作至上主義の産業構造は被害をいっそう拡大させ、復興を遅らせました。

疫病——天然痘・赤痢など——も、国家がスムーズな徴税のために造成した

交通ルートを伝って急速に伝染しました。特に日本列島西部では一説によれば、人口の3～5割が死去したと推定されています（伊藤　2021：15）。

そして中国であれば、こうした自然災害、産業・社会の崩壊は、皇帝の「徳の欠如（政治の失敗）」とみなされ、易姓革命・王朝交代の引き金となります。

しかし日本国の天皇は、「神の子孫」という神話と血統主義で正統化されているため、政治責任を取らず、王朝交替もしません。日本国にできることは、頻繁に遷都して穢れを払い、大規模な寺院・神社を建てて神仏に祈願することです。しかしこれらは、公民の負担をいっそう増大させ、日本国の崩壊を促進しました。

「日本国／日本人」とは何か

以上、見てきたように、日本国は7世紀末～8世紀にかけて、日本列島の西部に誕生した国家です。この日本国の構成員、つまり日本人とは、どのような人々だったのでしょう。

まず最も直接にはそれは、日本国の支配階級——天皇・官僚とその一族——です。そこには、朝鮮半島から渡来・亡命した多くの帰化人を含みます。

もう少し広義には、日本国の公民も日本人に含まれるといえましょう。戸籍に登録され、租庸調などの納税、徴用・兵役の義務を課され、日本国の生産基盤を実質的に支えた人々です。

とはいえ、支配階級と公民には、互いに「同じ日本人」といった意識はほとんど皆無だったでしょう。むしろ公民にとって日本国とは、自らを搾取・収奪する支配機構であり、広義の階級闘争の対象でした。

公地から逃散した浮浪人、および、税逃れのため戸籍に登録しなかった人々は、「日本人＝公民」ではありません。日本国への納税を拒否して武力で抵抗した地方の民衆、戸籍に登録されずに移動生活をしていた人々、そして東北地方の蝦夷、南九州の隼人もまた、「日本人＝公民」ではありませんでした。

総じて、日本列島に住んでいた人々の中で、「日本人」は公民を含めてもごく一部にすぎません。日本列島に暮らす民衆の多くは、日本国に対する潜在

的・顕在的な抵抗勢力でした。

　そしてこうした天皇中心の中央集権的な律令国家としての日本国は、多様な民衆による広義の階級闘争、および気候変動・地殻変動・疫病流行などの自然環境の猛威の前に、極めて脆弱でした。日本国は、9世紀末には機能不全に陥り、事実上、崩壊していったのです。

《関連年表》

6世紀	589	隋が中国統一。　600　史料上、初の遣隋使。
7世紀	607	遣隋使（「日出処天子、致書日没天子」の国書）。
	618	唐が建国。　630　初の遣唐使。
	642	越の蝦夷、倭の支配下に。　645　乙巳の変。大化改新の始まり。
	658	蝦夷征討。　660　粛慎征討。
	663	白村江の戦。　670　庚午年籍（戸籍）。
	683	富本銭鋳造。　694　藤原京に遷都。　699　隼人、反乱。
8世紀	701	大宝律令制定。　702　隼人、反乱。　708　和同開珎鋳造。
	709	蝦夷征討。　710　平城京に遷都。　720　隼人・蝦夷、反乱。
	724	蝦夷、反乱。陸奥に多賀城を築く。　727　渤海遣使、初来日。
	737	天然痘大流行。　743　墾田永年私財法。各地で大洪水。
	752	東大寺大仏完成。　774　蝦夷、反乱。以後38年戦争。
	794	平安京に遷都。　800　富士山噴火。

2　「日本国／日本人」の多元化と分裂・流動化

　その後、日本国は、どのような運命をたどったのでしょう。

「荘園―権門体制」としての「日本国」の誕生

　日本国の支配階級は、律令制の危機を打開するため、8世紀半ばにはすでに墾田永年私財法を制定し、田地の私的所有を認めました。この政策転換の効果は絶大で、農地の開拓が急速に進みました。新たに開拓された土地を含め、私

有を認められた土地を、「荘園」といいます。

　また日本国は9世紀、「公地（公領）」でも、それを管理する地方官僚——受領——に強い権限を与え、地元有力農民——富豪——などに請け負わせて農業生産力を向上させました。こうした荘園や公領からの貢納により、日本国の経済基盤は、一時的に安定しました。

　しかし、荘園の所有者——開拓農民——は、高額の貢納に反発を強めていきました。貢納を怠ると、国家は警察力・軍事力を差し向け、土地を没収してしまうので逆らえません。そこで開拓農民たちは、京都に住む上級貴族などがもつ免税特権に着目しました。

　前節で見たように、日本国の律令制の1つの特徴は血統主義です。上級貴族の血統の者だけは、免税特権をもっていました。そこで開拓農民は、開拓した農地を形式上、上級貴族などに「寄進（寄付）」し、土地の名義上の所有者を上級貴族にして、自らは地元で農地を管理・経営する荘官に任命してもらい、国家の税より安い貢納を上級貴族に納めるという作戦を編み出しました。これは、上級貴族にとっても大きなうまみがあります。

　上級貴族などに寄進された荘園も、当初は国家による課税、そのための調査の対象とされていました。しかし、次第にそれらも免除——不輸不入の権——を認められていきました。

　さらに各地方の荘官・受領・富豪たちは、自ら開拓した田地や公領だけでなく、周囲に広がる未開地・山野河海も囲い込み、実質的に私有し、そこで多様な産業——漁労、衣類・塩・鉄器・木器の製造、畑作・果樹栽培など——を経営し始めました。戸籍も廃止され、人の移動も自由になったので、交易・運輸・商業も発展しました。総じて公地公民の時代に比べ、はるかに多様で活力ある自由な社会が形成されたのです。

　荘園を寄進され、貢納を受け取る上級貴族などを「権門」と呼びます。権門たちは、荘園から送られてくる貢納を経済基盤として、独特の宮廷政治・文化を創造しました。摂政・関白など律令にはない政治制度——「令外の官」——、かな文字の文学や和歌など「日本の古典」とされる文化の一部は、こうした経

済基盤の上に成立しました。11世紀頃には、支配階級の中で「本朝／扶桑（日本の別称）」といった言説が生まれ、「唐（中国）」に対する「和」の独自の美を称える意識も現れました（古瀬 2011：170）。

武士の台頭と権門体制の再編・強化

　さて、荘園は私有地で、公領でも多様な産業経営がなされますから、所有権・利権をめぐって各地で紛争が頻発しました。地方官僚の受領と荘官・民衆の間でも、利害対立が激化します。そこで荘官・民衆は自ら武装し、武力で問題の解決を図りました。地方における武士の誕生です。

　荘官たちは実力をつけてくると、寄進先の権門に対しても貢納減免を要求し、さらに貢納自体を拒否するようになりました。権門や地方官僚は、これを武力で弾圧します。

　そこで地方の武士・荘官たちの不満は膨れ上がり、9～10世紀には権門体制としての日本国への大規模な反乱が起きました。平将門は、関東で武装蜂起して日本国からの独立を宣言しました。藤原純友も、瀬戸内の海賊を率いて日本国の首都である京都を脅かしました。

　日本国は、これらを鎮圧するため、やはり武士の力に頼るしかありませんでした。権門どうしの利害対立・内紛にも、武士の力を利用しました。武士の力はますます強まっていきました。

　平清盛が率いる平氏は全国の多くの荘園を支配し、武士でありながら自ら上級貴族——権門——になって朝廷を支配しました。またこれを打倒した源頼朝は幕府を組織し、全国の荘園の「荘官（地頭）」の任命権を握りました。幕府は、戦功に基づいて荘園の再分配を行い、武士による荘園支配を確立しました。

　ただし幕府も地頭には引き続き、荘園の名義上の所有者である権門への貢納義務を課しました。いわば幕府と朝廷の役割分担が成立し、上級武士と貴族からなる権門体制としての日本国が生み出されたのです。上級武士——将軍・執権など——が自ら権門の一翼になることで、荘園を実際に経営して生産活動を行う地頭・下級武士・農民から搾取する体制を、いっそう強固なものにしまし

た。地方武士の反乱による荘園制の崩壊を押し止どめ、荘園制に基づく権門体制を安定化させたともいえましょう。そして貴族・武士を問わず、権門は血統に基づいて相続され、日本国の支配階級における血統主義も維持されました。

「荘園―権門体制」にみる日本国の特徴

さて、荘園―権門体制としての日本国の特徴は、極端な多様性・分権性からなる緩やかな統一性にあります。すなわちまず、全国各地に多数の荘園があり、それぞれの気候・風土・交通に適した形で多様な産業――農業・狩猟採集・製造業・運輸業・商業など――を自由に経営しました。民衆も、各地域を自由に移動しました。

また私的所有の発展に伴って荘官・民衆の中でも貧富の格差が広がり、その意味でも社会は多様化しました。支配階級としての権門も、もはや律令制のような天皇の中央集権ではなく、武士・貴族、さらにその中も多種多様な身分・階層に分かれ、それぞれが個別に荘園から貢納を受け取るという、多元的・分権的な統治システムが生み出されました。

天皇家もまた荘園獲得競争に積極的に参加し、権門の1つとなりました。天皇に即位する人物も、有力な権門やそれらの勢力バランスによって決定されました。天皇が、他の権門諸勢力によって処罰・追放・解任される場合もありました。「もし王（天皇）なくて叶うまじき道理あらば、木を以て作るか、金を以て鋳るかして、生きたる院、国王をば、いづくへも皆流し捨てばや」（『太平記』2015：280）です。

しかし一方、日本国には統一性もあります。権門たちは分業し、朝廷・幕府の二元政治体制としての日本国を維持・運営しました。また天皇制は、多様な権門の血統主義的な正統性の担保、および傀儡と利害調整のシステムとして維持・存続されました。

さらに全国各地の荘園から、主に京都に住む権門へと貢納――剰余生産物――が一方向的に送り込まれる統一的な体制が形作られました。特に室町時代、天皇・貴族だけでなく、将軍・守護など上級武士も京都に住むようになり、京

都が日本国の中心であることがいっそう、明確になりました。日本文化の原型として、しばしば京都の文化がイメージされるのも、その残像といえましょう。

以上のように、各地域がそれぞれ多様な個性をもち、分権的でありながら、同時に京都への一極集中体制がある。このような緩やかで多重構造的な統一性が、日本列島に生み出されました。日本国は、公地公民―律令制の崩壊の危機を乗り越え、荘園―権門体制の構築によってかろうじて命脈をつないだともいえましょう。

そして武士の力によって再編・強化された日本国は、12世紀には日本列島の東北地方への武力侵略を再開しました。蝦夷・俘囚と呼ばれた東北の人々は激しく抵抗しましたが、最終的には征服されました。

東アジア世界における権門体制

権門体制としての日本国の形成は、東アジア世界の社会変動とも密接に連動していました。

日本国における分権的な権門体制の成立は、8世紀以降の唐の衰退と表裏一体です。唐の侵攻に備える戦時国家体制としての中央集権的な律令制の必要が、希薄化したのです。10世紀には遣唐使も中止され、唐も滅亡し、中国は分裂していきました。

ただし東アジア、とりわけ中国との交易・交流が減少したわけではありません。むしろ中国との民間貿易の活性化が、国家事業としての遣唐使の必要性を希薄化させたともいえましょう。10世紀、中国で宋が成立すると、民間貿易はますます活性化しました。

武士が権門になるきっかけを作った平清盛の経済基盤も、日宋貿易です。宋から銅銭が輸入され、これが日本国内の市場・交易の発展を促すとともに、東アジアの経済圏ともリンクさせました。日本からの輸出品は、各地の荘園で産出された金・銀・木材・硫黄などです。荘園の多様な産業は、東アジア市場と連鎖していました。

また13世紀、中国で元が宋を滅ぼすと、不要になった宋銭が大量に輸出され

ました。この宋銭の流入が、日本の各地域間の交易・流通、市場経済・商工業を発展させました。貨幣経済の急速な進展が、日本社会の均質化・統一化を進めたのです。荘園からの貢納も銭で納めるようになり、各地域の風土に根ざした個性的な産業経営の自由度がますます高まりました。

さらに13世紀、元が日本国に武力侵攻してきました。この国家的危機は、日本国の多様な権門を一致結束させました。また戦功の恩賞を期待する下級武士に対する、鎌倉幕府の支配力を強めました。元軍の撤退に台風が大きな影響を与えたことは、「神風に守られた神国・日本」との意識を権門の中に生み出したともいわれます。

そして15〜16世紀には、室町幕府の将軍・守護など上級武士が、それぞれ独自に中国（明）との民間貿易を行い、または明の皇帝から「日本国王」の冊封を受け、公式の国家間貿易――勘合貿易――で莫大な富を得ました。上級武士は、東南アジア諸国とも積極的に交易を繰り広げました。

このように、日本国の権門たちはそれぞれ、東アジア世界、特に中国との密接な関係によって経済基盤・政治権力を確立してきたといえます。

しかし一方、これは日本国の統一性を揺るがすものでもありました。

たとえば平清盛は日宋貿易の利益を一族で独占し、しかも貿易をいっそう発展させるため、京都の平安京から神戸の福原京に遷都しました。これは、他の権門から強い反発を招き、平氏政権は短期間で滅亡しました。

また元の来襲は、一時的には幕府の下級武士への支配力を強めました。しかし、元軍を撃退しても新たな領地は増えません。下級武士は恩賞・土地を得られず、幕府に不満を募らせました。元の再来襲に備えた警護番役の負担も、下級武士の不満を増幅させました。

室町時代の権門たちの「日本国王」への冊封も、日本国の天皇制と矛盾します。また日本国の自立性・独立性そのものを形骸化します。民間貿易の権益をめぐり、権門どうしの間で戦争・対立も頻発しました。

権門体制としての「日本国」の矛盾と崩壊

　さて、権門体制の矛盾は、日本国内でも膨張していきました。

　まず第1に、支配階級としての権門そのものが多元的で、互いの利害が対立し、内紛・権力争いが絶えませんでした。そこで摂関政治、院政、平氏政権、鎌倉幕府、建武新政、室町幕府、南北朝分裂など、さまざまな権門が相争い、次々に政権交代していきました。

　特に室町幕府は将軍の権力が弱く、有力武士の対立含みの連合政権でした。また権門体制は、主に武士の武力によって支えられていたため、武力・暴力による支配・抗争が蔓延し、戦乱が絶えませんでした。

　さらに13～14世紀、荘園の新たな開拓が限界に達すると、土地の分割相続が困難になり、単独相続の慣習が広がりました。そこで権門の中で、家督相続争いが激化しました。

　そして戦乱は15世紀、ついに応仁の乱へと発展し、京都を焦土にしました。多くの上級武士・守護も京都を離れ、地方の領国に定住しました。京都は、もはや日本国の中心としての機能・求心性を失ったのです。16世紀には各地方で有力武士による荘園の横領が頻発し、京都に残った権門への貢納も途絶えました。

　こうして、各地方で武力に基づき、独自の法律を作って事実上の独立国家として統治する戦国大名が台頭しました。下級武士・民衆も、血統に基づく権門を打ち倒して権力を握る「下克上」を実践しました。いわば、荘園―権門体制としての日本国が崩壊したのです。日本列島から統一的な支配権力としての国家は消失し、日本国は四分五裂・流動化していきました（網野 2008：160）。

　第2に、地方の民衆――百姓・下級武士――の抵抗もまた、日本国を根本から掘り崩しました。ここでいう百姓は農民だけでなく、多様な職業従事者を含みます（網野 2008：270）。各地の荘園を実際に管理・経営していたのは、主に下級武士・有力な百姓です。彼らが実力をつけてくると、権門への貢納も滞納が増えていきます。

　また生産力の発展に伴い、荘園より小規模な「村（惣）」を単位として共同

作業・灌漑(かんがい)・土地整備などがなされるようになりました。技術が発展すると、より少ない人数で農作業・土木工事ができ、またその方が臨機応変の協働が可能で、生産力のいっそうの発展につながります。さらに農地の新たな開拓が限界に達すると、集落内での土地の高度利用が必要になり、惣単位の共同がますます求められました。

惣のメンバーには、百姓も下級武士もいました。彼らは、さまざまな産業経営・治安維持で共同し、他の惣との間で水利などの争い・調整を行う中で、自治力・連帯力を鍛えていきました。権門への貢納も荘官・地頭を介さず、惣が自ら行う「村請け」が普及しました。これも、権門・荘官による高額の貢納要請への自己防衛策です。逆に権門・荘官は、時には暴力・武力も用い、高い貢納を徴収しようとします。そこで惣は貢納の減免を求め、集団で直訴したり、武装蜂起を含む一揆を起こし、あるいは他の荘園へと逃散するなど、広義の階級闘争を繰り広げました。

第3に、12〜15世紀には地球規模の寒冷化が進み、日本列島も干ばつ・飢饉に見舞われました。気候が不安定化し、年によって大雨・洪水も多発しました。疫病も蔓延しました。浅間山の大噴火で北関東の半分に降灰し、農作物は壊滅的な被害を受けました。これらが民衆の困窮・逃散・一揆に拍車をかけたことは、いうまでもありません。

第4に、市場経済の発展に伴い、商工業・運輸業に従事する都市の民衆も増えました。貧しい都市民衆は幕府に対し、借金を無効にする徳政令の発布を求め、一揆を起こしました。一方、裕福な都市民衆・大商人は権門から自立し、大規模な経済活動によって蓄財しました。彼らは15〜16世紀には、戦国大名の権力からも自立して堺・博多など自治都市を運営するまでに大きく成長しました。

第5として、権門体制が崩壊し、治安が悪化する中で、武士だけでなく、百姓・都市住民も自衛のため武装しました。富裕層・有力者の一部は、「悪党」「海賊」などと呼ばれる武装勢力になり、朝廷・幕府に対し、武力で反乱を起こしました。一揆も、武装蜂起の色彩を濃くしていきました。

さらに、武装した悪党・商人・海賊たちは14〜16世紀、「倭寇」として中国

大陸・朝鮮半島の沿岸を襲撃し、またそれ以上に活発に民間貿易を繰り広げました。これは、単なる日本人の海賊ではありません。中国人・朝鮮人・日本人の国境を越えたボーダーレスな民衆のネットワークです。倭寇は、国際交易都市を形成し、東アジア各都市の大商人・有力者とも連携して、当時の中国（明）をも脅かす一大武装勢──「北虜南倭」──へと成長しました。

　自治都市の大商人もまた、アジア各地と大規模な貿易を行いました。東南アジア各地に進出した日本人は現地に「日本人町」を作り、日本列島に来住した中国人は各地に「唐人町（中華街）」を形成しました。

　そして第6に、この時代、「北海道」と「沖縄」は、依然として日本国ではありませんでした。

　「北海道」では、アイヌが北東アジア諸地域と独自の交易を行っていました。14～15世紀には東北地方の一部も巻き込み、アイヌと日本の武士との間で大規模な戦争──コシャマインの乱──も起きました。

　「沖縄」では15世紀、統一政権として琉球国が成立しました。琉球国は中国（明）に朝貢しつつ、東アジア全域を結ぶ交易活動を国家の経済基盤としていました。

権門体制としての「日本国／日本人」とその崩壊

　以上、見てきたように、公地公民─律令制としての日本国は崩壊しましたが、荘園─権門体制へと移行することで、日本国はかろうじて存続しました。またその支配領域は、日本列島の東北から南九州にまで広がりました。新たな日本国の特徴は、徹底した多元性・分権性、および、京都を中心とする緩やかな統一性・求心性です。

　そこでこの時期、「日本国／日本人」という意識を比較的もちやすかったのは、京都を中心とする支配階級・権門の人々だったといえましょう。ただし権門内部では利害対立・内紛が激しく、最終的には日本国の中心である京都の破壊に至りました。これによって荘園─権門体制としての日本国も崩壊し、四分五裂していきました。

一方、日本列島の各地域で多様な生業に従事する民衆——百姓・下級武士——には、「日本国／日本人」という意識は希薄だったと考えられます。むしろ荘園・惣などの地域的生活に基づくアイデンティティが強かったでしょう。また民衆は、一方では多様な産業・生産力を発展させ、他方では直訴・一揆、逃散といった階級闘争を繰り広げました。これらもまた、「日本国／日本人」としてではなく、荘園や惣という地域に根ざした主体性であり、荘園—権門体制としての日本国に抵抗する地域的・階級的なそれです。これらもまた、日本国を崩壊へと導く大きなエネルギーとなりました。

　そして権門体制としての日本国は、東アジアのボーダーレスな社会・経済変動の中で形成され、同時にまたその中で崩壊していきました。その意味で、当時の日本国もまた、東アジア世界のボーダーレスな社会・経済圏が作り出した１つのリージョナル・システムだったといえましょう。

　それゆえに東アジア世界に開かれた民衆の主体的営為もまた、「日本国／日本人」を散逸・流動化させていきました。その象徴的な現れが、倭寇、大商人による自治都市、アジア各地に形成された日本人町、日本列島各地の唐人町などです。そこでは、東アジア世界におけるボーダーレスな交易・交流をとおして「日本国／日本人」の存在や独自性が認識されただけでなく、むしろそれ以上に「日本国／日本人」の枠組みに縛られず、それを越境する主体的生活が繰り広げられていました。

　最後に、本節で述べたすべての人々の活動は、私的所有と市場の発展に根ざしていました。荘園—権門体制の日本国では、土地をはじめとする生産手段を私的所有し、剰余生産物の一定部分を私的に取得・蓄積、そして市場で自由に交易することができました。私利私欲の追求が国家によって公認され、解き放たれたのです。厳しい市場競争の渦中で、より多くの生産手段・剰余生産物を私的に所有・蓄積したいという欲望、そして競争に敗北して没落することへの恐怖。これこそが、権門と民衆、倭寇・大商人といったすべての人々に共通する行動原理でした。私利私欲に基づく対立・闘争と協調・妥協・結束。これが、荘園—権門体制としての、また東アジアの経済—社会圏の１つの露頭としての

日本国を成立させ、また崩壊させた最大の動因だったといえましょう。

《関連年表》

| 8世紀 | 743 | 墾田永年私財法。各地で大洪水。　774　蝦夷、反乱。以後38年戦争。
| | 800 | 富士山噴火。
| 9世紀 | 801 | 蝦夷征討。　862　海賊追捕の命。　864　富士山噴火。
| | 869 | 陸奥国、大地震。　874　開聞岳噴火。　878　蝦夷、反乱。
| | 887 | 東南海大地震。　894　遣唐使廃止建議。　899　群盗多発。
| 10世紀 | 907 | 唐滅亡。　915　十和田火山噴火。
| | 939 | 平将門・藤原純友の乱（天慶の乱）。　979　宋が中国を統一。
| | 988 | 尾張の郡司・百姓、国守の悪政を上訴。　994　疫病大流行。
| 11世紀 | 1007 | 因幡の在庁官人・百姓らが愁訴。　1016　藤原道長、摂政に。
| | 1028 | 平忠常の乱。　1051　陸奥の俘囚・安倍氏の反乱（前九年の役）。
| | 1083 | 後三年の役。　1086　白河上皇、院政開始。　1096　永長地震。
| 12世紀 | 1129 | 海賊追捕。　1167　平清盛、太政大臣に。
| | 1182 | 養和の大飢饉。　1185　源頼朝に守護地頭の勅許。
| | 1189 | 奥州藤原氏滅亡。
| 13世紀 | 1227 | 幕府、西国の悪党退治の命。　1230　寛喜の大飢饉。
| | 1271 | 元の成立。　1274　文永の役（元寇）。　1281　弘安の役（元寇）。
| | 1297 | 永仁の徳政令。
| 14世紀 | 1333 | 建武の新政。　1338　室町幕府。
| | 1350 | 倭寇、高麗沿岸を侵す。　1361　畿内、大地震。
| | 1368 | 武蔵平一揆。明、建国。　1369　倭寇、明沿岸を侵す。
| | 1371 | 懐良親王、「日本国王」冊封。　1385　倭寇、高麗を襲撃。
| 15世紀 | 1403 | 足利義満、「日本国王」として明に朝貢。
| | 1428 | 正長の土一揆。大飢饉。　1429　播磨の国一揆。琉球国統一。
| | 1441 | 嘉吉の徳政一揆。　1447　各地で土一揆。
| | 1457 | コシャマインの戦。各地で干ばつ・疫病・土一揆。
| | 1461 | 寛正の飢饉。　1467　応仁の乱。
| | 1485 | 山城国一揆。　1487　加賀一向一揆。　1498　東海、大地震。
| 16世紀 | 1523 | 寧波の乱（明で細川氏と大内氏が争う）。

― 第 3 章 ―

「日本国／日本人」の再結集と国民国家の構築

1　資本主義世界システムと「日本」の再結集

　戦国時代、統一的国家権力としてはいったん崩壊・消滅した「日本国」は、なぜ、どのように再結集したのでしょう。

資本主義世界システムの形成

　15世紀後半、ヨーロッパ諸国は大航海時代を迎え、16世紀には地球を一周する航路を開拓しました。これに基づいてヨーロッパ諸国は、アフリカ・南北アメリカを征服し、植民地にしました。アフリカ大陸では膨大な人々を拉致し、アメリカ大陸で奴隷として酷使しました。アメリカ大陸では先住民を大虐殺し、巨大銀山を発掘して資源を略奪しました。

　さらにヨーロッパ諸国は、東アジアにも到達して一部地域を植民地にし、奴隷を調達しました。日本列島からも、多くの人々が奴隷として拉致・売却されました。

　ただし、当時の世界の生産力・技術・経済の中心はヨーロッパではなく、中国（明）でした。ヨーロッパが世界の政治・経済の中心になるのは、ずっと後のことです（「コラム8」を参照）。東・南シナ海一帯には、中国を中心とする巨大な経済圏・民間貿易の市場が広がり、膨大な金・銀の需要がありました。ヨーロッパ諸国は、こうした東・南アジア市場の製品を、アメリカ大陸で収奪した銀で買うことを主な目的として参入したのです。

　いわば16世紀、世界通貨としての銀が、アジア・南北アメリカ・ヨーロッパを海でつなぐ1つの世界・グローバル市場を構築したといえましょう。

日本の「天下統一」

　こうした世界の激動は、日本列島にも波及しました。

　16世紀、ポルトガル船が日本列島にも渡航したのです。当時、ヨーロッパ内での覇権は、スペイン・ポルトガルからオランダ・イギリスへと移りつつあり

ました。日本列島にも、オランダ・イギリスの船があいついで来航しました。

　群雄割拠の戦国時代にあった日本列島で、特に重要な意味をもったのは、ヨーロッパの鉄砲の伝来です。鉄砲は、それまでの戦争の様式を一変させ、日本国の再統一――「天下統一」――の軍事的基礎となりました。特に弾丸・火薬の材料である鉄・硝石の東アジアからの輸入は、戦(いくさ)の帰趨を大きく左右しました。多くの戦国大名の勢力が拮抗する分裂状態から、織田・豊臣政権、そして江戸幕府の成立に至る天下統一への道が開かれたのです。

　武器だけでなく、世界中の多彩な物産――砂糖菓子、タバコ、カボチャ、スイカ、ジャガイモ、サツマイモ、トウモロコシ、トウガラシなど――も"南蛮貿易"で日本列島各地に輸入され、新たな日本文化――鶏卵食、テンプラ、南蛮漬け、鴨南蛮など――を創り出しました。喫煙の習慣、梅毒などの疾病も、ヨーロッパ人が日本列島にもたらしたものです。

　鉄砲や多様な物産の輸入を可能にした背景の１つは、日本各地の大商人・倭寇が、東・南アジア全域で活発な交易活動を行っていたことです（本書80～83頁を参照）。

　さらに大きな背景は、当時の日本列島で大量の金・銀が発掘され、未曾有のゴールドラッシュ――「黄金の国・ジパング」現象――が起きていたことです。特に16世紀、朝鮮からもたらされた新たな精錬技術により、日本列島での銀の産出・輸出量は飛躍的に増加しました。当時の世界の銀の主な産地は、アメリカ大陸――スペイン領「西インド」――と並び、日本でした。日本は、金の一大産地でもありました。こうした金・銀が、ヨーロッパ諸国を日本列島に引き寄せ、鉄砲・火薬材料の輸入をはじめとする日本の南蛮貿易を可能にしたのです。

　日本の天下統一は、こうしたグローバルな社会変動の一環にほかなりません。

日本のグローバル化とその終焉

　一方、天下統一とは、グローバル化を規制する中央集権体制の誕生、国境管理の強化でもあります。ヨーロッパ諸国による植民地化を警戒する「日本」ナショナリズムの形成ともいえましょう。

豊臣政権は、世界各地で植民地支配と表裏一体で進められていたキリスト教の布教、および、ポルトガル人による日本人奴隷の海外への拉致・売却を禁止しました。

　江戸幕府も、キリスト教の禁止をいっそう徹底しました。また、それまで東南アジアでのヨーロッパ諸国間の抗争に多数の日本人傭兵が参加し、日本の武器が輸出されていましたが、これも禁止しました。日本人の海外渡航・帰国も禁止し、多数の海外居住の日本人が帰国できなくなり、現地に定住・同化していきました。

　こうしたヨーロッパ諸国の影響の排除――海禁――は、日本だけでなく中国・朝鮮をはじめとする東アジア諸国で一般的に行われた政策です。ただし、日本の天下統一後の外交政策は、東アジアにおける中国（明）中心の世界秩序にも混乱をもたらしました。

　日本を統一した豊臣政権は、倭寇を制圧して東アジアの交易・経済ネットワークを掌握すると、明の征服、さらにグローバルな交易の中心都市であった寧波を拠点とするアジア全域の支配を企てました（平川 2018：97-98）。そしてその第一歩として朝鮮半島を侵略し、多くの人々を殺害し、また奴隷として拉致しました。

　その後、徳川政権は、中国（明・清）・朝鮮との国交を回復し、カンボジア・タイ（シャム）・ベトナム（安南）・フィリピン（ルソン）、さらにメキシコまで視野に入れ、積極的な外交を試みました。また海外貿易の独占的統制――朱印船――制度を築きました。しかし、東アジアの世界秩序との関係では、依然として多くの矛盾が続きました。

　まず第1に、徳川政権（江戸幕府）は、日本国の薩摩藩に琉球国を武力で征服させ、これを薩摩藩の実質支配下におきました。しかしその一方、琉球国を形式的には存続させ、琉球王に中国の冊封を受けさせ、朝貢貿易の窓口にしました。日本国自体は中国の冊封を受けず、中国貿易の窓口を確保したのです。

　第2に、朝鮮との関係でも、仲介役の対馬藩は当初、幕府の将軍を「日本国王」とする偽装の下で交渉を進めました。しかし幕府はこれを認めず、将軍を

「日本国大君」という独自の称号にして交渉させました。日本側としては「大君」は中国皇帝の冊封を受けた「国王」より格上、朝鮮側からみれば「大君（将軍）」は「日本国王」の家臣にすぎず、「朝鮮国王」より格下と、互いに相手を格下とみなす一種の偽装の了解の上で、国交を結びました。

さらに第3に、中国で明に代わった清との貿易も、徳川政権は朱印船貿易という形で国家統制しましたが、中国側からみれば単なる民間貿易でした。そこで日本の幕府は「日本国王」の冊封を受けず、中国の暦も使わず、中国を「通商の国」と位置づけて交易を可能にしました。

ここには、天下統一を果たした日本国が、中国による冊封を受けず、自立した政権であることに固執した事実がうかがえます。それはまた、中央集権を回復した新たな日本国が、中国・朝鮮をはじめとするアジア諸国との公式の国交・外交が困難だったことをも意味します。これが、日本国がいわゆる「鎖国」に至った理由の1つです。

そして、より根本的な変化は、17世紀末以降、日本列島で金・銀の産出が枯渇してしまったことです。「黄金の国・ジパング」の終焉です。これ以降、日本国の貿易量は激減しました。江戸幕府は金・銀の流出を抑制するため、貿易を厳しく制限・管理しました。江戸幕府のいわゆる「鎖国」は、政治的選択というより、金・銀の枯渇、日本国の経済的弱体化の必然的結果ともいえましょう（岡本 2021：121-122）。

天下統一に伴う列島社会の再編

さて、天下統一はいうまでもなく、日本列島における平和の実現でもありました。戦国時代の戦乱が終結したのです。ボーダーレスな武装貿易集団である倭寇の活動も、鎮圧されました。

江戸幕府による支配は、幕藩体制と呼ばれます。幕府と藩が一体となった「公儀」という概念の下、武士階級が支配する統一国家です。

天下統一にあたり、武士階級は、ほとんど無力化していた天皇・朝廷の権威を利用しました。関白にせよ将軍にせよ、天皇が任命する朝廷の役職です。天

皇・朝廷の側からいえば、有力武士に天下統一の権威・役職を付与することで、滅亡寸前だった自らの命脈をかろうじてつなぎました。また律令制以来の「日本国」の国名、「天皇」の称号も維持・継承されました。

ただし、これは律令制や権門体制の復活にはほど遠く、あくまで武士階級による中央集権体制の確立でした。天皇・朝廷は幕府の傀儡であり、その権威は形骸化していました。

「天下」という概念の範囲も、織田政権の初期には京都を中心とする畿内地方でしたが、その後、次第に拡張され、北海道と沖縄を除く日本列島を1つの「天下＝日本国」とする認識が成熟していきました（藤井 2015：i-iv）。天下の中心も、京都だけとはみなされなくなりました。

戦国時代末期から江戸時代初期にかけ、「日本橋」「日本晴れ」「日本三景」といった言葉が生まれ、定着しました。支配階級だけでなく民衆、特に都市の民衆の中で、自らの住む国を「日本」とみなす意識が広がったといえましょう。江戸幕府は各藩に対して中央集権的な支配力——参勤交代・改易転封など——を行使し、幕府の支配が及ぶすべての領域を「日本国」とみなす認識も醸成されていきました。

いわゆる「鎖国」は、日本国という認識をさらに浸透させました。「鎖国」に伴い、幕府・各藩は、それまでの輸入品——絹、綿花、茶、タバコなど——の国産化を奨励しました。そこで、茶が輸入される贅沢品ではなく日常品になるなど、新たな日本文化が形成されました（岡本 2021：133）。

輸入代替産業の発展は、それまでの海外貿易に代わり、日本列島内の各地域を結ぶ商工業・海運を発展させました。江戸幕府は、日本独自の統一通貨を鋳造し、流通させました。日本独自の度量衡も標準化しました。日本列島を1つの単位とする市場・貨幣経済圏が急速に発達したのです。

文字世界——漢字・かな文字——でも、日本列島に統一言語が普及しました。それは寺子屋・手習所などをとおして民衆にも浸透し、出版業が成立するまでに成熟していきました。

島国・農本主義・身分制

　そして天下統一・中央集権国家の成立は、日本列島に住む民衆に対する統一基準での支配機構の確立でもあります。

　まず「刀狩り」「人払い令」「兵農分離」などを経て、いわゆる「士農工商」といった固定的な身分制度が確立されました。また江戸幕府は、宗門人別改帳という事実上の戸籍を作り、民衆を個人レベルで把握しました。

　一国単位の徴税は、土地を基礎とした課税、稲作中心主義の再生でもあります。豊臣政権の全国的検地を経て、幕藩体制ではすべての産業の収入を米に換算し、課税の基礎を米とする石高制が確立されました。

　戦国時代の戦乱が終わった17世紀、日本列島の耕地面積・人口はともに約２倍に増えたといわれます（速水 2022：85など）。戦国時代がいかに苛酷な時代だったか、天下統一による平和が民衆にとっていかに重要だったかがわかります。

　戦乱のない平和な社会で、民衆は勤勉に多様な生業に励むことで生産力を発展させ、生活を豊かにすることができました。新田開発・市場の発展により、分家も可能でした。17世紀、とりわけ農家戸数・農村人口の増加、農業生産力の発展が急速に進みました。

　農民の共同——農作業、新田開発、灌漑整備、近隣村との利害調整など——は、「村（惣）」を単位として行われました。惣は多数のイエ（家族共同体）によって構成され、合議で運営されていたといわれます。幕府・各藩への年貢の納付も、惣を単位として自主的に行われました。これも、権力側が求めた連帯責任制というだけでなく、過重な徴税を阻止し、生活を防衛し、没落者を出さないための農民の主体性・自治力でもありました。

　一方、支配階級の武士の中では前述のように、幕藩体制は幕府による中央集権でしたが、同時に全国に二百数十あった各藩には広範な分権・自治が認められていました。また各藩は、それぞれの気候・風土に応じて個性的な特産品を生産しました。藩札も発行し、城下町も整備して、藩独自の政治―経済圏を形成しました。

以上のような「士農工商」などの固定的な身分制度、主な生産人口である農民の惣単位の共同・自治、そして支配階級の武士における各藩の分権は、日本列島に住む人々の中に、身分・地域ごとに異なる多様な生活とアイデンティティを成熟させました。農民は農民、武士は武士、どの村の農民か、どの藩の武士かが、最も重要な生活基盤・アイデンティティになりました。服装・居住空間・所持品・口語（話し言葉）・氏名も、身分・地域ごとに異なり、しかもその境界線は幕藩体制によって厳しく規制されました。

　これはいいかえれば、同質的・一体的な「日本国／日本人」という意識が、日常生活ではあまり意味をもたなかったということです。身分・地域の違いをわきまえない「日本国／日本人」という意識は、幕藩体制の下では危険思想になりかねません。「天ハ尊ク地ハ卑シ。……人ニモ又君ハタフトク、臣ハイヤシキゾ」（林 1975：131）です。

　なお幕藩体制の下、「琉球（沖縄）」「蝦夷地（北海道）」が、「日本国」かどうかは曖昧でした。琉球は前述のように薩摩藩の実質支配下におかれつつ、形式的・対外的には「琉球国」という異国扱いでした。蝦夷地には松前藩がおかれましたが、蝦夷地全体を領国として支配したわけではなく、樺太・千島も含め、先住民アイヌとの交易活動を行っていました。17世紀には、アイヌとの大規模な戦争——シャクシャインの戦——も起きました。江戸幕府や薩摩藩・松前藩は、アイヌ・琉球人を「非日本人」とみなし、それゆえいっそう、苛酷な収奪・支配を行いました。アイヌ・琉球人もまた、自らを日本人とは認識せず、独自のアイデンティティをもっていました。

市場経済の発展と幕藩体制の矛盾

　さて、身分・地域によって固定的に細かく分断され、安定したかにみえた幕藩体制も、17世紀末頃から揺らぎ始めました。

　まず、日本列島内での流通・市場の発展は、いわゆる「士農工商」の最下位の身分とされた商人に富を集積しました。江戸・大阪の商人はその富を基盤として、俳諧・浄瑠璃・歌舞伎・浮世絵など新たな日本文化を創出しました。ま

た17世紀末、金・銀の産出が枯渇して貨幣の流通量が減少すると、これを蓄えた商人の経済的地位はいっそう高まりました。

　稲作の発展もまた、市場の拡大を前提としていました。年貢として徴収された米、および農民の手元に残された米は、武士・農民だけですべて食べ尽くされていたわけではありません。市場で商品として販売されました。17世紀のめざましい農業・稲作の発展は、市場に流通する余剰米を増加させました。

　稲作の発展を支えた新田開発・大規模な河川改修——治水・大量輸送網の整備——も、しばしば大商人が資本を投じて行いました。金肥——干鰯・干鰊——による単収の増加も、全国的な市場経済・物流の発展に支えられていました。

　新田開発や単収増加によって剰余米が増えると、農民は綿・菜種・タバコ・藍・養蚕などの商品作物を作り、これを職人が加工し、商人が市場で大量に流通させていきました。

　総じて生産力の発展、剰余生産物の増加と市場での交易は、幕藩体制の下でも着々と進んでいったのです。

　一方、幕藩体制の下、武士の収入は、主に年貢として徴収した米に依存します。市場に多様な商品、および、余剰米が大量に流通すると、武士は相対的に貧しくなります。幕府・藩も財政難に陥ります。

　米の販売収入に依存していたのは、農民も同じです。稲作の生産力が上昇している間は、農民の生活水準も安定・向上しました。しかし18世紀、新田開発が限界に達すると、農業生産力の発展は停滞し、農村人口も減少に転じました。

　農民は、綿・菜種など商品作物の栽培を拡大し、また金肥を使用して生産性を上げ、生活水準の向上を目指しました。しかしこれは結果として、市場の拡大・商人の資本蓄積をいっそう促進し、米や商品作物の価格の下落に拍車をかけました。また市場経済の発展に伴い、農民内部でも貧富の差が拡大し、田畑を質入れする農民も現れました。富裕な商人が質地を取得して地主になり、農村に地主—小作関係が広がりました。奴隷——下人——になったり、逃散・流浪する農民も多発しました。

　折しも18世紀、気候変動による寒冷化、富士山・浅間山などの大噴火、地

震・津波もあいつぎました。17世紀に新田開発のために推進された山林伐採・河川の流路変更・湖沼埋め立てなどを一因とし、洪水も多発しました（塚本2022：255）。干ばつ・飢饉があいつぎ、餓死者も増えました。すると今度は米価が高騰し、商人は投機目的で米の売り惜しみに走りました。都市民衆は米を求めて打ち壊し・米騒動を行い、農民は年貢減免を求めて一揆を起こしました。

　こうした社会の危機に対し、幕府は適切な対策をとることができませんでした。市場経済の発展に対応した政策も試みられましたが、それらは稲作中心の石高制、武士階級による支配、固定的身分制度、土地売買・労働力移動の制限といった幕藩体制の根幹と矛盾し、展開を阻まれました。世界市場から隔離したいわゆる「鎖国」は、市場拡大にとって大きな制約となりました。総じて幕藩体制自体が、いっそうの市場拡大・生産力発展にとって桎梏になっていたのです。

「天下統一」・幕藩体制と「日本国／日本人」

　以上見てきたように、16世紀、ヨーロッパ発の資本主義世界システムによって、東アジアのグローバル市場が大きく刷新されました。戦国時代の分裂状態にあった日本列島では、世界通貨である銀が大量に産出し、グローバル市場への積極的参画が可能になりました。これによって得られた軍事力・経済力を基盤として、武士階級による天下統一・中央集権国家化が達成されました。いったん崩壊・分裂した日本国が、復活・再結集したのです。

　ただし、新たに成立した日本国は、東アジアの中国中心の世界秩序・冊封体制には収まらず、混乱を引き起こしました。また何よりその後、日本国では銀の産出が枯渇し、「鎖国」体制へとシフトせざるをえませんでした。

　この過程で、北海道と沖縄を除く日本列島を1つの単位とする「日本国／日本人」という意識が、支配階級のみならず、民衆、特に都市住民にも浸透しました。いわゆる「鎖国」に伴い、日本国内には多様な輸入代替産業が形成され、国内での流通も発展し、新たな日本文化も追加されました。

　とはいえ、幕藩体制下の日本国では、こうした「日本国／日本人」という意

識は、実際にはあまり政治的意義をもちませんでした。なぜなら、日本列島に住む人々の現実の生活・アイデンティティは、身分・地域の違いによって細かく分断・差別化されていたからです。つまり日本国は成立しましたが、その支

《関連年表》

16世紀	1511	ポルトガル、マラッカ占領。 1522 マゼラン、世界周航。
	1526	石見銀山発見。 1545 スペイン、ポトシ銀山発見。
	1542	生野銀山発見。 1543 ポルトガル人、種子島に鉄砲を伝える。
	1549	ザビエル、鹿児島に上陸。 1550 ポルトガル船、平戸入港。
	1553	倭寇最盛期。 1566 メキシコでアマルガム銀精錬法実用化。
	1568	織田信長、入京。 1571 スペイン、マニラ占領。
	1582	豊臣秀吉、山城で検地(太閤検地開始)。
	1585	豊臣秀吉、関白。
	1587	豊臣秀吉、九州征伐・キリスト教徒追放令。
	1588	豊臣秀吉、刀狩令・海賊停止令。
	1591	豊臣秀吉、身分統制令。
	1592	文禄の役(朝鮮出兵)。人掃令。 1597 慶長の役(朝鮮出兵)。
	1600	オランダ船、豊後に漂着。
17世紀	1601	徳川家康、東南アジア諸国に国書。 1603 江戸幕府成立。
	1604	朱印船貿易。 1607 朝鮮通信使開始。
	1609	薩摩藩、琉球に遠征。平戸にオランダ商館。
	1612	幕府、直轄地にキリスト禁教令。
	1616	後金(後の清)建国。
	1635	外国船の寄港を長崎に限定。日本人の渡航・帰国禁止。
	1637	島原キリシタン一揆。 1643 田畑永代売買禁止令。
	1669	シャクシャインの戦。
	1671	宗門人別改帳。東廻り航路開設。
	1672	西廻り航路開設。 1673 分地制限令。
18世紀	1707	宝永地震、富士山噴火。 1722 質流れ地禁止令。
	1723	出羽で質地騒動。 1730 大坂堂島の米相場を公認。
	1732	享保の大飢饉、一揆。 1733 米価高騰、江戸で打ち壊し。
	1750	各地で一揆・強訴・逃散。 1773 各地で疫病。
	1777	三原山噴火。 1781 上州絹一揆。
	1783	浅間山噴火。天明大飢饉。打ち壊し頻発。
	1787	各地で打ち壊し。 1789 クナシリ・メナシのアイヌ蜂起。
19世紀	1833	天保の飢饉、各地で打ち壊し。 1835 美濃一揆。
	1836	各地で一揆・打ち壊し。 1838 佐渡一揆。

配領域に暮らす人々は多元的に分断され、同質的な「日本人」という意識はもちようがなかったといえましょう。また「蝦夷（北海道）」と「琉球（沖縄）」の人々は、「日本人」ではありませんでした。

そして稲作を含む諸産業の発展、市場経済の発展は、幕藩体制としての日本国の基盤を着実に掘り崩していきました。幕藩体制としての日本国の弱体化に、いわば決定打を与えて新たな局面を開いたのが、19世紀の新たなグローバル化・「黒船来航と開国」です。その実態については、次節で詳細に見ていきます。

ただし、天下統一・幕藩体制がなければ、19世紀以降の日本の近代化も日本列島を1つの単位として展開することはなく、近代国家としての日本国も存在しなかったでしょう。

2　帝国主義世界システムへの包摂と「日本国／日本国民」の構築

幕藩体制の崩壊と、近代国民国家としての「日本国／日本国民」の形成について、見ていきます。

帝国主義世界システム

17～18世紀にかけて、ヨーロッパ諸国は植民地支配をいっそう拡大・強化しました。また植民地で収奪した資源と低賃金労働力を自国内で結合し、効率的に活用するため、18世紀後半、「産業革命」と称する一連の技術革新を起こしました。さらに、それで得た経済力をもとに「市民革命」と称する政治的リフォームを行い、身分の違いを越えた「国民」の一体性に基づく「国民国家」を作りました。市民革命で獲得された自由・平等・人権は、ヨーロッパ諸国民だけに認められた排他的権利です。植民地の民衆には与えられません。むしろヨーロッパ諸国は、植民地での支配・収奪をますます強化し、植民地争奪をめぐって互いに帝国主義戦争を繰り広げました（「コラム9」を参照）。

19世紀、最大の帝国主義国だったイギリスは、植民地のインドで栽培したア

ヘンを中国（清）に輸出し、膨大な利益を得ました。そしてこれを禁じようとする清と戦争を起こし、勝利しました。世界の政治—経済の中心が、中国からヨーロッパに移った瞬間です。弱体化が露呈した中国は、ヨーロッパ諸列強に不平等条約を押しつけられ、半植民地にされていきました。

「黒船来航・開国」と近代化

　さて、欧米の帝国主義諸国は19世紀、日本国にも蒸気船（黒船）で到来しました。そしていわゆる「鎖国」をやめ、開国——市場開放——するよう武力をもって強要しました。

　日本国（江戸幕府）は、欧米列強との圧倒的な国力格差の前に、不平等条約——関税自主権剥奪、治外法権、一方的な最恵国待遇など——を結ぶしかありませんでした。日本国は中国と同様、植民地・半植民地化の危機に立たされたのです。

　そして日本国は、この危機を回避するため、それまでの幕藩体制を廃止し、欧米列強のような近代的な中央集権国家へとリフォームしました。明治維新です。日本は、従来から東アジア世界における中国中心の冊封体制から自立し、独自の外交路線をとっていたため、中国・朝鮮に比べ、一国単位での近代化・西欧化への転換が比較的容易でした。ちなみに「日の丸」は、幕末に徳川幕府が日本国の国旗として慣習的に使用し始め、その後、明治政府に引き継がれました。

　そして倒幕勢力・明治政府は、新たな「日本国（大日本帝国）」の統合の核に、天皇を据えました。幕藩体制は前節で述べたように、実質的には武士階級による支配体制で、天皇・朝廷は傀儡にすぎませんでした（本書89〜90頁を参照）。しかし形式的には幕府の将軍は天皇によって任命され、朝廷も存続していました。また幕末、欧米列強との対峙を迫られた幕府は、国論を統一して政治的主導権を確保しようと、天皇の権威を利用しました。そこで諸外国、特に欧米諸国からみれば、日本国には将軍と天皇という2人の皇帝がいることになり、国家としての意志決定権・責任の所在が不明確になりました。倒幕勢力・明治政

府は、日本国の皇帝の天皇への一元化を図りました。

　そして同時にこれが、明治維新が「革命」ではなく、「維新」と呼ばれる理由の1つです。つまり皇帝としての天皇は「革命」によって打倒されたのではなく、むしろ「維」持・刷「新」されたのです。

　そこで明治維新は、一方で天皇による中央集権国家・古代律令制を手本とした「王政復古」の形態をとりました。政府機構の名称も太政官・太政大臣・左大臣・参議など、律令制以来の朝廷のそれを採用しました。

　しかし同時に明治以降の日本国は、近代国家にならなければなりません。天皇も近代的な大日本帝国の皇帝、「文明開化」の旗印でなければなりません。天皇は日本古来の伝統を捨てて東京に移り、洋服を着ました。京都の朝廷は、幕府とともに解体されました。

近代国家・「日本」の構築

　さて、明治以降の日本政府は、欧米列強との半植民地的な不平等条約の下、国家・民族の独立をかけて、急速な近代化を推進しなければなりませんでした。

　そこでまず第1に、政府が主導して、上から強行的に近代化・資本主義化を推し進めました。欧米のように、植民地からの収奪、または民衆の中から資本家が育つのを待つゆとりはありません。

　政府はまず、当時の最大の生産手段だった土地の私的所有権を明確にし、土地所有者から高額の「地租（税）」を徴収しました――地租改正――。そこで多くの農民は没落し、都市に住む富裕層が土地を買い集めました。こうして自らは農業生産に従事しない寄生地主と、土地を借りて零細な農業を営む小作人という地主―小作関係が広がりました。小作料は旧幕藩体制下の年貢とほぼ同じで、収穫の約半分に達しました。小作料を払えない人々は、都市に流出して低賃金労働者になりました。

　政府は、徴収した地租を財源として殖産興業・富国強兵政策を推進し、鉱工業・軍需産業を創設しました。政府と連携・癒着した独占資本・財閥も育成しました。寄生地主が小作人から収奪した借地料も、鉱工業・軍需産業に投資さ

れました。

　第2に、日本の近代化・資本主義化は、国内で資本と労働力を調達し、輸出主導型で構築されました。なぜならまず不平等条約で関税の不利を強いられ、対外信用も弱かったので、外国資本は日本への投資に消極的でした。日本政府も、外国資本に頼ると国家の独立が危うくなることを危惧し、国内で資本を調達・育成しようとしました（三谷 2017：95-96）。高額の地租・小作料の収奪、財閥の育成を行ったのも、そのためです。

　また日本が輸出競争力をつけるには、欧米が植民地で強制している低賃金・長時間労働を日本国内で実施し、安価な製品を作るしかありません。日本の紡績業では、未成年の女工を「インド以下」といわれる低賃金で、24時間2交替フル稼働で働かせました。製糸業・織物業でも、未成年の女工を短くても13〜14時間、長ければ17〜18時間、働かせました。炭鉱では、火災が起きると鉱山を守るために労働者を坑内で蒸焼にし、コレラが発生した宿舎では発病者を生きたまま焼き殺しました。このように人件費を徹底的に削減することで、日本製品は高い輸出競争力を確保しました。

　以上のような政府による殖産興業・富国強兵政策、農民からの重税収奪、そして労働者の植民地的な搾取によって、日本は工業製品の輸出競争力を高め、かろうじて独立を維持したのです。

　第3に、日本政府は、近代国家に不可欠の領土・国境の確定にも取り組みました。まず蝦夷地を「北海道」という、律令制以来の「七道（東海道・西海道・南海道など）」に似た地名に変え、自国の領土であることを明確にしました。またロシアとの間で、樺太を放棄する代わり、全千島列島を領土にする条約を結びました。その際、現地に住む先住民——アイヌ・ウイルタ・ニブフなど——の意向はまったく無視して国籍選択を迫り、一部は強制移住させました。さらに琉球国については、これまでの形式的独立・日清両属を否定し、一方的に日本の領土と宣言し、「沖縄県」としました——琉球処分——。琉球国・中国（清）は激しく抵抗しましたが、日本政府は武力をもって、これを強引に実行しました。

「日本人／日本国民」の形成

　こうした近代国家としての「日本国（大日本帝国）」の構築とともに、「日本人／日本国民」も形成されていきました。

　まず幕末、ごく一部に、身分・藩の枠を越えた「日本人」意識が生まれました。日本が植民地にされかねないという危機感の下、近代的な中央集権国家としての「日本国」の確立が不可欠だったからです。とはいえ当時、こうした「日本人」意識をもった人は、ごく少数でした。

　そこで明治政府は、近代国家にふさわしい一体性のある「日本国民」をほとんど一から作り出さなければなりませんでした。

　政府はまず、幕藩体制下の世襲的身分制——いわゆる「士農工商」——を廃止し、「四民平等」としました。また廃藩置県で藩を廃止し、秩禄処分で旧武士階級の特権も廃止しました。そして戸籍法を制定し、すべての国民を個人別に把握しました。外国人との区別を明確にするため、「国籍」も作りました。1873年、「国籍が違う人が結婚した場合、女性が男性の国籍になる」と布告しましたが、これが日本初の国籍概念といわれています。

　日本政府による「国民」の育成は、主に学校と軍隊をとおして行われました。

　まず近代化を進めるには、時計時間——クロック・タイム——に沿って規則正しく行動できる人間を育成しなければなりません。そこで学校・軍隊では、日常生活・身体動作に厳しい規律化・定型化を強制しました。近代化、とりわけ上意下達での急速な近代化に必要な規範——時間厳守・一斉行動・整理整頓・清潔・上位者への服従など——を自然なこと、さらに良いこと・美しいこととして、人々の身体と感性に刷り込みました。

　また学校では、近代化に必要な欧米の先進技術を効率的に導入・普及するための理数系科目、および、国民統合に不可欠な「標準語（正しい日本語）」の教育を重視しました。生活の中で培われる経験知や各地の「方言」の価値は、軽視されました。地理・歴史の教育は、新たに作られた近代国家を自明で自然なものとして教えます。地図を見れば、国家の領域が明瞭に区切られています。

産業・人口などさまざまな統計も、国家を単位として集計されています。歴史は、その時点の国家の領土を自明のものとし、その領域を過去にさかのぼり、そこで起きた諸事実を一連の流れとして取捨選択し、現在の国家がいかに必然的・自然に形成されてきたかを解説します。学校で学ぶことで、人は無意識のうちに国民国家を自明の単位として思考するナショナリストになっていきます。

　学校と軍隊は、立身出世の奨励という意味でも、近代化の推進機構でした。幕藩体制下の世襲的身分制とは違い、近代資本主義の階級・階層は、個人の能力と努力によって移動可能——職業選択の自由——という建前によって正当化されます（「コラム10」を参照）。学校での成績・学歴は、個々人の能力と努力の水準を測定する指標とみなされ、個々人をそれぞれの職業・階級と結びつけます。軍隊は、経済的理由で高学歴を確保できない貧困層にも開かれた立身出世の道でした。

　学校・軍隊とともに、国民の形成に大きな役割を果たしたのは、政治参加です。国権に対する民権、すなわち国会開設を求める自由民権運動です。これは一種の反政府運動ですが、同時に国民としての権利を求める運動でした（牧原 2006：24）。自由民権運動は民衆に対し、「我が国／国民」意識をもつよう啓蒙し、これに無関心な民衆を厳しく批判しました。自由民権運動の主流派は、政府の富国強兵・近代化政策自体は批判せず、むしろそれを国民の総意・要求に基づいて強力に推進すべきと主張しました。

　学校と軍隊、政治参加は、近代的な性差別も作り出しました。就学・進学率は性別によって大きく異なり、徴兵も男性のみの義務です。自由民権運動における政治参加の要求もほとんどの場合、男性限定を当然とみなしていました。近代国家・「国民」の形成に必要な、新たな性差別が創出されたのです。

　そして以上のような「日本国民」の構築は、これまで「非日本人」とみなされていた沖縄・北海道の人々にも押しつけられました。明治以後、日本政府は沖縄・アイヌの固有の民族文化を抹殺し、「日本人」としての同化を強制しました。アイヌはその習俗・言語を禁止され、日本的な氏名・日本語の使用を押しつけれられました。アイヌが狩猟採集・漁労をしていた山野河浜は、国有地

として一方的に剥奪されました。沖縄でも、独自の言語・文化は「遅れたもの」として否定されました。

天皇と国民——疑似的血統主義に基づく「単一民族神話」

ところで近代化に際し、同質的な国民を構築し、同化を強制したのは、ほとんどすべての国で同じです。

日本に特徴があるとすれば、前述の如く、天皇を統合の核に据えたことでしょう。そのために明治政府はまず、天皇の存在を国民に周知・宣伝しなければなりませんでした（牧原 2006：174-181）。明治初期、日本の民衆の多くは、天皇の権威、またはその存在すら知りませんでした。政府は、人民告諭書で天皇のありがたさを教え、天皇に関係する祝祭日を創作し、天皇を全国に巡行させ、伊勢神宮や天皇家の陵墓を聖域として整備しました。また皇室財産を拡大し、天皇を日本最大の地主・資本家にしました。

政府にとって、より重要な問題は、天皇の権威の根拠とされる「神話（天孫降臨）」と「血統（万世一系）」を、近代国家の理念といかに整合させるかでした。

一方では、近代国家にふさわしい立憲制、つまり天皇の地位・権限を憲法によって規定しなければなりません。

しかし他方で、天皇を神格化し、憲法をも超越した——政治的・法的責任を問われない無答責の——存在にしなければなりません。神は、人間が作った憲法で束縛できません。

明治政府は、この矛盾を次のように解決しました。

まず大日本帝国憲法を制定し、近代的な立憲制の議会制度を導入します。

ただし、その憲法は欽定憲法——天皇が国民に授ける憲法——とし、しかも憲法の中で天皇を「神聖で侵すべからざる」存在として天皇制批判を禁じました。また天皇大権——軍の統帥権・宣戦講和・条約締結、議会から独立した法律（勅令）公布など——も、明記しました。議会は独立の立法権をもたず、しかも二院制で、その1つである貴族院の議員は天皇による任命制としました。

総じて天皇は、憲法で規定された立憲君主という形式をとりつつ、しかし憲

法上、極端に強い権力を保持し、天皇が憲法を実質的に策定・支配する形にしたのです。

さらに政府は、天皇の権威の根拠である「神話（天孫降臨）」と「血統主義（万世一系）」を子どもたちに学校で教育しました——教育勅語——。またそれを単なる神話ではなく、史実として歴史の授業でも教えました。天皇は単なる政治的権力者にとどまらず、神聖かつ不可侵な宗教的・精神的支配者とされました。

こうして日本では、天皇が絶大な権力をもち、大多数の国民は事実上、参政権もなく、無権利状態におかれました。国民の選挙に基づく衆議院も、選挙権は直接国税15円以上を納める富裕層の25歳以上の男子に限定されました。国会・議会の開設は、一体的な「国民」を生み出したというより、むしろ参政権をもつごく一部の「国民」と、それをもたない大多数の「非国民」に分断したといえましょう。

しかしそれでも明治政府としては近代国家を創るため、日本人に「国民」としての一体感・国民意識をもたせなければなりません。

そこで活用されたのが、「臣民」概念です。すべての日本人を「天皇の臣」として、天皇との関係で一元化しました。参政権の有無を問わず、天皇制国家の一員として納税・兵役・教育を当然の義務と受けとめる「国民（臣民）」の構築です（牧原 2006：198-199）。

さらに、「日本民族（大和民族）」とは古来、ヤマト王権に始まる天皇に帰服し、血統上も天皇家に連なるといった、天皇を核とする疑似的血統主義に基づく民族観が創作されました（網野 1997 下：152）。天皇が「神の子孫」である以上、それに連なる日本民族も選ばれし優れた民族とされます。当然ながら、このような日本民族観は、それ以前のいかなる時代の日本列島にも存在したことはありません。明治政府による、まったく新たな創作です。

そして政府は、こうした民族意識を、戸籍制度・民法によっていっそう、深く浸透させました。

すなわち政府は、幕藩体制下の民衆の家族共同体（イエ）を国家支配——徴

税・徴兵——の最末端単位にしました。イエは直系家族形態をとり、生業・生活の基礎単位です。生産力の発展とそれに基づく生活水準の向上は、家父長を含むすべての家族員がイエに結集し、「勤勉と忍耐／和の精神」を発揮することで実現されます。分家による新たなイエの創設も可能です。そしてイエは男系の直系家族形態をとり、戸主は原則として男性とされました。女性は、法的に劣位とされました。

こうしたイエを、明治政府は天皇制国家への忠誠心の基盤として活用しました。教育勅語・修身（道徳）などの学校教育を通し、天皇への忠義と親（祖先）への孝行を道徳の基本と教え、またイエ制度の頂点に天皇を据えました。天皇を日本民族の総本家、日本国民を「天皇の赤子」とし、天皇を忠義だけでなく孝行の対象とする家族国家観を浸透させました。

日本国民は、自らと自己同一化したイエの繁栄を求め、「勤勉と忍耐／和の精神」を発揮し、これが日本の急速な近代化・資本主義化、そして天皇を統合の核とする民族意識・家族国家への忠誠心を根底から支えました。

明治政府の巧妙さは、上からの強制・教育だけでなく、天皇家を総本家とする疑似的血統主義に基づく「単一民族神話」を作り出し、しかもそれを個々の国民のイエに基づく生業・生活の発展への意欲と連鎖させた点にあるといえましょう。ひとりひとりの国民が自らのイエ・家族のために自発的・主体的に貢献することが、自動的に国家への貢献・忠誠へとつながる回路を構築したのです。

一般に、近代化・資本主義化を進めようとすれば、伝統的なイエやムラ、神話・迷信、血統主義を破壊し、自立した個人・合理主義・能力主義を移植しようとしがちです。しかし明治政府は、一見、封建制さらには律令制の残滓ともみえるイエ制度や神話・血統主義・天皇制などを活用することによって、近代国家・資本主義形成に向けた民衆のエネルギーを引き出せることを見抜いていました。

「日本」化への抵抗

とはいえ、実際に日本で暮らしていた民衆に、このような「日本国／日本民

族／日本国民」という意識が定着したのは、明治20〜30（1887〜97）年代といわれています。それは、容易に定着しませんでした。

　明治政府が学校と軍隊をとおして「国民」を育成したとはいえ、1886年に義務教育が4年制になった時点でも、就学率は50％未満にとどまっていました。学校教育を受けた世代が社会の中心的担い手になるには、20年程度かかります。

《関連年表》

1840	アヘン戦争。
1853	アメリカ東インド艦隊司令官ペリー、浦賀沖に来航、開国要求。
	ロシア極東艦隊司令官プチャーチン、長崎に来航、開国要求。
1854	日米・日英・日露和親条約を調印。
1858	日米・日露・日蘭・日英・日仏修好通商条約を調印。
1866	全国で一揆・打ち壊し激化。
1867	明治維新（大政奉還・王政復古の宣言）。
1868	各地で一揆。
1869	天皇、東京へ（事実上の遷都）。蝦夷地を「北海道」と改称。
	全国で世直し一揆。
1871	戸籍法改正。廃藩置県。各地で一揆。
1872	土地売買解禁。官営富岡製糸工場設立。学制公布。
1873	徴兵令。鎮台設置。地租改正。各地で徴兵反対の一揆。
1874	民撰議院設立建白。北海道屯田兵制度。
1875	千島・樺太交換条約締結。
1876	廃刀令。秩禄処分。地租改正反対一揆。
1877	西南戦争。立志社、国会開設建白。
1879	琉球処分。教育令制定。
1880	国会期成同盟結成。官営工場払い下げ規則制定。
1882	軍人勅諭。条約改正交渉開始。
1884	各地で借金党・困民党結成。農村不況深刻化・農民反乱。
1885	内閣制度発足。
1886	北海道庁設置。小中学校令。雨宮製糸工場で争議（初のストライキ）。
1889	大日本帝国憲法公布。第1回帝国議会。
1890	教育勅語。
1892	横須賀海軍工廠ストライキ。日本労働協会結成。
1894	大阪天満紡績でストライキ。日清戦争。日英通商航海条約（治外法権撤廃）。
1886	民法制定。

明治維新直後は、旧武士階級の反乱も相次ぎ、軍隊も「鎮台」と呼ばれ、日本国内の内戦・反政府運動の鎮圧を主な任務としていました。

　民衆の中では、地租改正反対・地租軽減、小作料減免、徴兵制廃止、義務教育の負担反対などを求める農民運動や一揆が繰り広げられていました。それは時として、大規模な武装蜂起にも発展しました。

　労働者も、あまりに劣悪な労働条件の改善を求め、暴動・争議（ストライキ）に立ち上がりました。

　徴兵を逃れようとする民衆も多くいました。イエ制度に基づき、戸主（世帯主）・嗣子（嫡子）は兵役が免除されたので、これを逆手にとり、養子・分家・若隠居などさまざまな方法で、徴兵を逃れました。

　総じて「日本国／日本民族／日本国民」の形成は、上からの急速な近代化・資本主義化を目指す明治政府の政治的意図にすぎませんでした。日本列島に住む多くの民衆の生活に根ざした希望・要求だったわけでは、決してありません。

　むしろ急速な近代化・資本主義化は、農民・労働者に重税・兵役・低賃金・重労働といった苦痛をもたらし、それに対して民衆は激しく反発・抵抗し、そして政府がこれを強権的に弾圧するという形で、かろうじて近代国家としての「日本国」が形成されていったのです。明治維新から20〜30年間の民衆においては、政府が植えつけようとした観念的な「国民・民族」意識より、現実生活の困難とその緩和・解決を求める農民・労働者としての階級意識の方がはるかに強力だったといえましょう。

　さてその後、大多数の日本人は、急速に「国民」意識をもつようになっていきました。そのきっかけ・理由については、次節で見ていきましょう。

3　多民族帝国の「日本国／日本人」

　日清戦争（1894年）から第二次世界大戦の敗戦（1945年）までの「日本国／日本人」について、見ていきます。

戦争と植民地支配

　この時期の日本を特徴づけたのは、戦争と植民地支配です。

　もちろん日本政府はすでに明治初年から、北海道・千島・琉球を領土に組み込み、そこに住む人々の生活を抑圧し、文化を抹殺してきました。琉球人・アイヌからみれば、明らかな植民地支配です（本書99頁を参照）。

　しかし日清戦争は、もともと日本の領土ではない朝鮮半島の権益をめぐって中国（清）と戦争を行い、これに勝った代償として中国の領土だった台湾を植民地にしました。また1904年には、朝鮮半島・中国東北部の権益をめぐる日露戦争にも勝利しました。そして中国から東北部をはじめ多くの権益を奪い、1910年には朝鮮も植民地にしました――日韓併合――。日本は、植民地獲得に奔走する帝国主義諸列強の最後の、またアジアでは唯一の国にすべり込んだのです。

　さらに日本政府は、ヨーロッパで帝国主義諸国が起こした第一次世界大戦にも参戦し、中国・南洋諸島におけるドイツの占領地・利権を奪いました。ロシアで社会主義革命が起きてソ連が成立すると、他の諸列強――イギリス・フランス・アメリカなど――とともにシベリアに出兵しました。

　このような日本の植民地・占領地の獲得と支配は当然、アジア諸地域に抗日・反日の民族解放闘争を引き起こしました。台湾では、1895年に民衆が蜂起して独立共和国宣言をし、1930年にも大規模な武装蜂起が起きました。朝鮮では1919年に大規模な反日闘争（三・一蜂起）があり、中国でも1919年に反日運動（五・四運動）、1925年には全国的な反帝国主義闘争が起きました。

　日本の植民地獲得とその拡大は、欧米の帝国主義諸列強との対立、および妥協・協調の中で進められました。欧米列強は自国の利益につながる限り、日本の海外侵略・植民地獲得を承認・支持しました。日本の戦争・植民地獲得に必要な軍事費も、欧米の外債・投資に依存して調達されました（三谷 2017：125-128）。

　しかし第一次世界大戦後、中国での権益をめぐり、日本とイギリス・アメリ

カとの利害対立が拡大していきました。1929年には世界恐慌が起き、諸列強の自国中心主義・利害対立はいっそう激化しました。こうした中で日本は、1931年に満洲事変を起こして中国東北部を軍事的に制圧し、1932年に日本の傀儡国家である「満洲国」を設立し、1937年には中国との戦争に踏み出しました。また1941年にはイギリス・アメリカとも開戦し、東南アジア・太平洋地域のアメリカ・イギリス・フランス・オランダなどの植民地に軍事侵攻していきました。中国との戦争を、全世界を舞台とする第二次世界大戦の一環に組み込んだのです。反日・抗日の民族解放闘争も、東南アジア各地に拡大していきました。

日本の植民地支配の特質

　さて、日本の植民地は、主に近隣のアジア地域でした。欧米列強は、アフリカ・南北アメリカ・南アジア・オセアニアなど自国の遠隔地を主な植民地にしましたが、日本の植民地は近隣のアジアです。

　それは直接には、アジア以外の諸地域を、欧米列強がすでに植民地としていたからです。また日本には、遠隔地を侵略するほどの国力・軍事力もありませんでした。

　さらに日本の立場からいえば、朝鮮半島・中国東北部を日本の独立・国防、とりわけロシアの南下・領土拡大に対する防壁・「生命線」と考えたからです。そこで日本の植民地支配は、経済的権益の獲得にとどまらず、引くに引けないものと認識されました。

　さらに、アメリカ・イギリスなどとの対立が顕在化した1930年代以降、日本はアジアを植民地として支配するのではなく、欧米帝国主義の植民地支配からアジアを解放するという独特の主張をし始めました。欧米帝国主義の支配に抗するには個別の民族主義では不十分で、アジア諸民族が連帯して「東亜新秩序」を構築する必要がある。そしてその盟主は、欧米列強と対等に戦う力をもった日本しかないとの主張です。こうして1940年代以降、東アジアにとどまらず、欧米帝国主義の支配下にある東南アジア・インドも含む「大東亜共栄圏」の建設が、日本の戦争遂行の目的・大義とされました（三谷 2017：192-198）。

とはいえ、これらはどれも日本だけの身勝手で独善的な主張にすぎません。欧米列強はもちろん、アジアの民衆とも共有できるものではありえません。なぜならそれらは結局、日清戦争以降に獲得した日本の既得権益を維持し、さらに拡大するための口実でしかないからです。現に日本は植民地・権益をアジア諸国に返還しないどころか、むしろ収奪を強めました。日本が植民地である朝鮮・台湾の産業基盤を整備したとしても、それは日本の利潤増殖・収奪強化を目的としたものにすぎません。

日本「国民」の育成と成熟

さて、日本の国民意識は、1890年代前半頃まであまり浸透・定着しませんでした。農民・労働者の階級的運動が頻発し、「国民」の一体感はあまり生まれなかったのです（本書104〜105頁を参照）。

1890年代後半以降も、階級的な社会運動はますます強まりました。労働者の労働条件はあいかわらず劣悪で、寄生地主の小作農に対する収奪も激烈でした。あいつぐ戦争で多くの国民が徴兵されて戦死し、戦費調達のための重税も民衆を苦しめました。軍需産業に投資して莫大な利益をあげる資本家や地主に対する、民衆の批判・不満も高まりました。労働者による暴動・ストライキ・労働組合の結成、農民の小作争議・小作人組合の結成、そして都市住民の米騒動もあいつぎました。これらを背景に、社会主義・共産主義を目指す政党も生まれました。これらの政党は、アジア侵略戦争・植民地支配に反対し、軍備縮小を主張しました。

しかしその一方、1894年の日清戦争開戦以降、日本人の国民意識は急速に高揚・定着していきました。

マスメディア——新聞・雑誌など——は戦争、とりわけ戦勝やそれによる領土拡大を大々的に報道し、国民の熱狂を煽りました。日本が欧米列強と並ぶ世界の「一等国」になったという優越感は、日本人の国民意識を飛躍的に強めました。また当時は戦争に勝てば、戦費賠償はもちろん、植民地・海外権益の獲得が当然とみなされていました。そこで戦争は、国民内部の多様性や階級的な

利害対立を越え、「挙国一致」で遂行されました。植民地の支配は、資源・低賃金労働力の収奪、海外市場の囲い込み・独占などにより、短期的には経済成長・好景気を生み出し、国内の労働者の雇用も安定させました。こうして日本国民の多くは、戦争・植民地支配への批判力・抵抗力を失い、むしろそれらを支持する世論・愛国心を高めていったのです。

こうした現実をふまえ、日本政府は民衆に対し、"両面作戦"をとりました。

まず第1に、労働者・農民の階級闘争、および社会主義運動の徹底した弾圧です。治安維持法などで厳罰を加えただけでなく、警察・軍隊も駆使して暴力的に鎮圧しました。多くの社会主義者・共産主義者を、冤罪で投獄・処刑しました。

第2は、教育・政治参加を通した国民意識・愛国心のいっそうの育成・強化です。すなわちまず義務教育期間を延長し、就学義務を徹底しました。また正式に国語・日本史・地理などの科目を設け、大日本帝国臣民としての思想教育を強化しました（本書100～101頁を参照）。学校では、日本の戦争やその勝利の情報を熱狂的に教え、一等国民としての優越感・国民意識を育成しました。

特に第一次世界大戦以降、戦争遂行には国民の協力が不可欠な「総力戦」の時代に入りました。そこで国会――帝国議会――は、「階級闘争を撲殺するため」という理由で普通選挙法を策定しました。国民の参政権を大幅に拡大したのです。衆議院の第一党党首が内閣を組織する政党内閣制も、慣例として成立しました。

ただし、この普通選挙制はあくまで民衆の階級闘争を抑制し、総力戦遂行に必要な国民の一体性の構築を目的としたものです。そこで選挙権を拡大したといっても、25歳以上の男性に限られ、兵役のない女性、植民地の人々、また男性でも生活困窮者などには認められず、有権者は全人口の2割程度にとどまりました。政党内閣制も慣例にすぎず、いわば天皇の「大権政治」を政府と議会が遂行するという形だけのものでした。

一方での階級運動の徹底的弾圧、他方での普通選挙制による政治参加。こうした日本政府の"両面作戦"の前に、労働者・農民の社会運動は分断され、弱

体化していきました。

　すなわちまず、労働者・農民の階級的利害を重視し、侵略戦争・植民地支配への反対を貫いた共産主義者・社会主義者などは徹底的に弾圧され、その運動は壊滅的な打撃を受けました。またこうした人々は「非国民」とみなされ、多くの日本国民からも排除・差別されました。

　他方で、普通選挙・政党内閣制に基づいて日本国民の利益につながる政治・政府の実現を目指す"現実主義"的な社会運動が活性化しました。1920〜1930年代には失業救済事業・貧困救済法・国民健康保険など、政府の責任で日本国民の生活を改善する社会政策も推進されました。しかしこうした福祉政策の実施には財源が必要で、そのために植民地のいっそうの拡大と収奪が推進されました。

　このように階級闘争を放棄し、国家に依存して国民の生活・福祉を改善しようとすれば、植民地支配を支持し、軍備強化・戦争への協力が不可欠になります。そこで結局、1930年代、日中戦争が本格化し、アメリカ・イギリスとの対立が激化すると、政党内閣制は崩壊し、軍主導の内閣が組織されるようになりました。"現実主義"的な労働組合・政党も自発的に解散し、総力戦を遂行するための大日本産業報告会・大政翼賛会へと合流していきました。大多数の日本国民は、国家による弾圧によってのみならず、むしろ自ら進んで侵略戦争・植民地支配を支持・選択していったといえましょう。

　総じて日本の国民意識は、日本帝国主義の戦争・植民地支配を支える思想基盤として構築されました。

大東亜に開かれた「日本民族」

　さて、植民地の支配には、日本に限らず、大まかに3つの手法があります。
　第1は、抹殺・無視です。植民地の民衆を抹殺・虐殺し、または「いない」ものとして無視し、土地・資源だけを収奪する手法です。ヨーロッパ諸国が、南北アメリカ・オセアニアで行った政策がこれに近いでしょう。
　第2は、隔離です。植民地の民衆を殺さず、生かして奴隷として活用する手

法です。ヨーロッパ諸国が、アフリカ大陸で行った政策です。多くのアフリカ人をアメリカ大陸まで拉致し、奴隷として酷使しました。この場合、奴隷は「国民」ではありません。白人至上主義・優生思想が幅をきかせ、混血は忌避されるべきこととされました。

そして第3は、同化・統合です。植民地の民衆にも一定の範囲で「国民」としての義務——納税・兵役など——を果たさせます。また混血を必ずしも忌避せず、時には奨励し、植民地支配が近代化・文明化であるかのように思想教育・啓蒙します。

日本は欧米諸国と同様、これら3つの手法を時と場合によって使い分けました。しかし、欧米諸国に比べれば、第3の同化・統合に重点をおきました。

もちろん同化といっても、植民地である以上、本国と同一の憲法その他の法律は適用されません。日本の場合、植民地の人々も「大日本帝国臣民（日本国民）」としつつ、しかし戸籍を「内地」と「外地」に分け、外地戸籍である植民地——台湾・朝鮮——の人々には移動の自由・参政権などを認めませんでした。

また、日本による同化・統合の核は、あくまで天皇です。天皇という核は、植民地支配において一定の支障をもたらします。朝鮮人・中国人をはじめ、アジア諸民族の総本家が日本の天皇家で、アジア全体が疑似的血統主義に基づく家族国家というのは、どう考えても無理があるからです。

そこで日本政府は、さらに新たな「神話」を創出しました。すなわち日本人とは、古来よりアジア諸民族が混血・混合してできた複合民族だという「神話」です。日本人と朝鮮人の祖先は同じという日鮮同祖論が唱えられました。律令制の昔から朝鮮・中国からの帰化人が日本国の形成に大きな役割を果たしてきたこと、天皇家に朝鮮系の血統が流れているという事実も、積極的に宣伝・教育されました。天皇を核として形成される疑似的血統集団としての「日本人／日本民族」それ自体が、日本列島内ではなく、アジアに開かれた歴史的空間で構築されてきたという新たな「神話」です（小熊 1995：140-141、362）。

それはまた、日本国・日本人とは古来、多様な諸民族が差別・排除されることなく包摂され、融合・同化・混血して形成されたという「神話」でもありま

す。その「神話」によれば、古代より、「大和（現在の奈良県）」に日本国を建国した天皇の下に、吉備・出雲、熊襲・隼人・蝦夷、そして朝鮮・中国からの帰化人など、多様な民族が帰服し、融合・混血して「日本民族（大和民族）」の一部となってきました（網野 2008：210）。そして今もまた大日本帝国は、中国人・朝鮮人・琉球人・アイヌなどを包摂する多民族帝国です。したがって将来も天皇を核として、多様な諸民族を融合・同化することによって新たな「日本民族（大和民族）」が不断に形成され続けていくことになります。

　「内鮮通婚／日満通婚」といった、日本人と朝鮮人・満民族との結婚も奨励されました。天皇の下に、さらなる地域的多様性を統合する大東亜共栄圏、あまねく世界の諸民族を統合する「八紘一宇」も可能です。日本による朝鮮・台湾の支配、そしてアジアの統合は、欧米帝国主義の植民地支配からアジアを解放する聖戦・正義の戦いでもあります。これが、戦前の大日本帝国の「神話」・主張でした。

　日本のイエ制度は、こうしたアジア・サイズの「日本人」像の形成に適合的でした。すなわち日本のイエの本質は、世代を越えて受け継がれる生業・生活の維持・発展にあります。純粋な血統組織ではありません（本書102～104頁を参照）。養子は、血縁でなくてもイエの祖先を共有できます。ただし養子は改姓し、養家の家風に同化し、養家の発展に貢献しなければなりません。天皇と臣民の関係も、あくまで疑似的血統主義であり、純粋な血縁である必要はありません。したがってアジア諸民族も、血統的に天皇家を直接の祖先としていなくても、大日本帝国という家族国家の臣民になり得るとされました（小熊 1995：146-148）。

　このような日本の統合・同化政策は、「よき大日本帝国臣民／よき大東亜共栄圏の構成員」になろうとするアジア諸民族を差別・排除せず、寛容に受け入れるべきとの主張にもつながります。学校教育でも、公式には民族差別・排除をしてはならないと教えられました。人種・民族差別を批判する良心的・人道的な社会運動も多くの場合、こうした大日本帝国・大東亜共栄圏の虚偽意識に回収されていきました。つまり実際に存在する人種・民族差別は、天皇を核と

する「臣民」化・八紘一宇の理念がいまだ十分に浸透していないからにほかならず、その理念をますます完遂しなければならないことになるからです。結局、人道主義的な差別反対の主張は多くの場合、大日本帝国・大東亜共栄圏の理念を賛美し、日本の植民地支配に加担していきました。

「日本民族」論の欺瞞と大日本帝国の崩壊

とはいえ、このような「アジアに開かれた複合的な日本民族」という民族意識が、結局は日本帝国主義による利己的・独善的な「神話」でしかないのは明らかです。

アジア諸民族の連帯を掲げ、他民族の民族主義を否定しておきながら、日本の天皇を核とし、天皇だけに特別の価値をおき、日本民族のみをアジア諸民族の融合・統合の結晶化と捉える。この認識はそれ自体、他のアジア諸民族からみれば、日本の尊大で独善的な押しつけ以外の何ものでもありません。

しかも、このような「アジアに開かれた複合的な日本民族」像は、アジア諸民族に対して三重の差別を生み出します。

まず第1に、日本民族以外のアジア諸民族は、「まだ完全な日本民族（大和民族）になりきれていない——統合・融合の途上にある——新参・「養子」の日本人」として、日本民族を永遠に超えられない地位に固定されます。

第2に、そうしたアジア諸民族も、いずれは日本人になるべき存在とされ、「日本民族（大和民族）」への同化、天皇の臣民・「皇民」化が強制されます。固有の民族文化は抹消され、天皇の祖先とされる天照大神の参拝、日本語教育、日本人的な姓氏への変更（創氏改名）などを押しつけられます。日本列島の内部でも、1890年代以降、アイヌ・沖縄の人々に対する「日本人」化・同化強制政策がいっそう、強化されました。

そして第3に、日本人から見て欧米諸国民は同じ一等国民として対等に覇権を競う相手ですが、アジア諸民族は実質は支配・収奪の対象、名目上は保護・指導の対象として、いずれにせよ下位・目下に置かれます。

したがって、このような「アジアに開かれた複合的な日本民族」論は、実際

のアジア諸民族に受け入れられるわけもなく、むしろいっそう激烈な抗日・反日の民族解放運動を引き起こしました。

　日本政府は、同化・統合政策によってアジア諸民族の民族主義を眠り込ませようとしましたが、実際には不可能でした。逆に、その独善性に気づかず眠り込まされたのは、日本民族・日本国民の方だったといえましょう。

　こうして日本は、特に1940年代以降、①アジア諸地域に利権をもつアメリカ・イギリス・フランスなどの帝国主義列強、②アジア諸地域の民族解放闘争、そして、③階級闘争・社会主義を目ざす諸勢力を同時に相手として、無謀としかいいようのない戦争へと突入していきました。その結果、壊滅的敗北を遂げ、1945年、大日本帝国は崩壊するに至ったのです。

　日本の侵略戦争は、1931年の満州事変以後に限っても、最低の推計で1880万人のアジアの民衆、220万人の日本軍人、そして100万人を超える日本の非戦闘員の命を奪いました。

《関連年表》

1894	日清戦争。大阪天満紡績ストライキ。
1895	台湾軍政。台湾人民蜂起・独立宣言。三国干渉で遼東半島を清に返還。
1987	労働組合期成会結成。
1898	社会主義研究会結成。日本鉄道ストライキ。民法実施。
1899	治外法権撤廃の条約改正。活版工組合結成。北海道旧土人保護法。
1900	治安警察法。中国で義和団事件、日本軍出兵。社会主義協会結成。
1902	日英同盟調印。呉水兵蜂起・呉工廠ストライキ。
1903	平民社設立・非戦論主張。
1904	日露戦争。社会主義協会結成(禁止処分)。
1906	日本社会党結成(翌年解散)。各地でストライキ・小作争議。
1907	炭鉱・鉱山ストライキに軍隊出動。小学校令改正(義務教育6年化)。
1910	大逆事件。韓国併合。
1911	日米通商航海条約調印(関税自主権回復)。朝鮮で土地収用令。
1912	友愛会発足。呉海軍工廠ストライキ。
1914	第一次世界大戦に参戦、青島・南洋諸島占領。
1915	中国に21カ条の要求。浦賀ドックでストライキ。
1918	米騒動。シベリア出兵。軍需工業動員法。
1919	朝鮮で三・一独立運動、中国で五・四運動。
1920	戦後恐慌。日本初メーデー。日本社会主義同盟創立。八幡製鉄所ストライキ。
1921	三菱川崎造船所ストライキに軍隊出動。日本労働総同盟改称。
1922	日本農民組合結成。日本共産党結成。
1923	中国、抗日運動拡大。関東大震災。社会主義者検挙・殺害事件頻発。
1925	治安維持法・普通選挙法成立。満洲出兵。総同盟第1次分裂。
1927	金融恐慌。第1次山東出兵。日本農民組合分裂。
1928	共産党員大量検挙。第2次山東出兵。初の普通選挙。
1929	世界恐慌。共産党員大量検挙。改正工場法施行(婦人・少年の深夜労働廃止)。
1930	台湾で反日暴動。
1931	満洲事変。社会民衆党、満洲侵略支持。
1932	満洲国建国宣言。社会大衆党、満洲国承認。
1936	全日本労働総同盟創立。
1937	日中戦争。国民精神総動員運動。総同盟、ストライキ絶滅宣言。社会大衆党、戦争協力決議。
1938	メーデー禁止命令。産業報国会結成。国家総動員法公布。東亜新秩序建設声明。
1939	第二次世界大戦。
1940	日本軍、フランス領インドシナに進駐。大政翼賛会・大日本産業報国会結成。
1941	太平洋戦争。
1943	大東亜会議開催、大東亜宣言採択。
1945	沖縄戦。ソ連参戦。広島・長崎に原爆。日本敗戦。

コラム8　世界システム論とリオリエント論

　世界システム論は、1970年代、イマニュエル・ウォーラーステイン（1985、1993、2013ほか）が提唱した歴史―社会認識です。それ以前は、次のような認識が主流でした。

> 「18〜19世紀、西欧諸国で産業革命・市民革命が起き、封建制の中世から資本主義の近代へと移行した。西欧諸国は、世界に先駆けて近代化を成し遂げた先進国で、だからこそ経済的にも豊かになった。他の諸国は後進・発展途上国であり、西欧諸国のように近代化することで貧困から脱出できる」

　ウォーラーステインは、こうした認識を根本から批判し、次のような見方を提示しました。

　長期の16世紀――15世紀後半〜17世紀前半――、ヨーロッパ諸国は植民地から富を収奪する資本主義世界システムを構築しました。資本主義は当初から一国単位ではなく、世界システムとして誕生したのです。

　資本主義世界システムは、無限の資本蓄積を至上目的とし、中核―半周辺―周辺の3層構造をもちます。中核諸国は「先進」ではなく、周辺から富を搾取・収奪することによって成り立つ特殊な国々です。周辺は「後進／発展途上」ではなく、中核諸国の搾取によって貧困状態に固定された国・地域です。

　それぞれの国・地域は、3層の間を移動・交替する可能性があります。また中核諸国の中で特に卓越した覇権国家にも、興隆と没落の変遷――16世紀はスペイン、17世紀はオランダ、19世紀はイギリス、そして20世紀はアメリカ――があります。

　しかし、中核―半周辺―周辺という3層、および、中核による周辺の搾取・収奪という構造そのものは変わりません。その意味で、グローバルな格差や貧困は、資本主義世界システムの不可欠の構成要素です。

　中核諸国における産業革命・市民革命も、実は「革命」の名に値するほどの決

定的事件とはいえません（本書99頁、「コラム9」を参照）。周辺における前近代的な伝統・後進性とみなされがちな要素も、中核諸国の資本蓄積・収奪の基盤として維持・再生産されており、資本主義世界システムの構成要素です。

　そしてこうした資本主義世界システムは19世紀、地球全体を包括しました。これは、現存する唯一の世界システムです。

　さて、アンドレ・フランク（2000）は、こうしたウォーラーステインの世界システム論を高く評価しつつ、しかしそれがヨーロッパ中心主義の見方に陥っていると批判し、リオリエント論を唱えました。

　フランクによれば、グローバル経済は、遅くとも16世紀初頭にはすでに成立し、その中心は中国（宋）でした。当時、中国は世界の生産力の中心・最大の貿易黒字国で、世界通貨としての銀の約半分を世界中から吸引していました。西欧諸国は低生産力で、世界システムの周辺にすぎませんでした。

　ただし西欧諸国は、アメリカ大陸の植民地で膨大な銀を収奪していました。そこで、中国を中心とするグローバル経済の生産物を、「ただ同然」で入手した銀で購入していました。

　このように世界システムの創造に主要な役割を果たしたのは、アジアです。ヨーロッパは後からそこに参入し、1870年代に覇権を握ったにすぎません。

　フランクは、ヨーロッパ発の資本主義世界システムが19世紀に東アジアを包括したというウォーラーステインを批判します。そして中国中心の世界システムが、15世紀半ばから徐々にヨーロッパを包摂したと主張しました。

コラム9　世界システムとしての帝国主義

　17〜18世紀、欧米の帝国主義諸国は植民地支配をいっそう、強化しました。これは、欧米諸国内にも一定のリフォーム――「産業革命」と「市民革命」――をもたらしました。

　最大の覇権国家だったイギリスは、植民地から膨大な資源と労働力を収奪し、これらを自国内で結びつけて効率的に生産活動を行うため、「産業革命（蒸気機関の発明）」と称する一連の技術革新を起こしました。他の欧米諸国も、これに追随しました。帝国主義諸国内での機軸産業は、農業から工業へとシフトしました（ウォーラーステイン　1993：69）。

　勃興する資本家階級による政治権力の奪取が、「市民革命」です。植民地支配に基づく資本蓄積によって、封建領主（貴族）より、資本家階級（ブルジョアジー）の方が政治力をもつようになり、それ以上に封建領主自身が資本家階級に変身していきました（ウォーラーステイン　1993：84-85）。つまり封建領主は、農奴から搾取した富を、封建的農業の発展ではなく、資本主義的工業に投資したのです。また封建領主は、分与地で穀物を生産させていた農奴を追い出し、羊毛工業の原材料生産のための大規模な牧場経営へと切り替えました。農地から追い出された農奴はやむなく都市に流出し、資本主義的工業を支える労働者階級になりました。

　イギリスでは、自ら資本家階級となった封建領主が立憲君主制を樹立しました。これに対抗するフランスでは封建領主が打倒され、新興の資本家階級を中心とする国民主権の社会が構築されました。これらの「市民革命」で高らかに謳われた自由・平等・人権などは、帝国主義諸国の国民、その中でも男性だけに認められた排他的権利であり、植民地の民衆や女性には認められませんでした。「産業革命」や「市民革命」は、帝国主義諸国が植民地支配・資本蓄積をさらに拡大・強化するための国内基盤整備だったともいえましょう。

　イギリスは「産業革命」の「先進」国として、自由貿易主義を推進しました。「世界の工場」としての高度な国内生産力をもって他国に自由貿易を強制すれ

ば、相手国の産業を壊滅させ、資源・労働力を格安で収奪し、莫大な利益をあげることができます。植民地の獲得や経営に伴う軍事的・経済的コストをかけず、相手国を事実上の半植民地にできるのです。植民地なき帝国主義——自由貿易帝国主義——の発明です。もちろん相手国が自由貿易を拒否すれば、中国（清）に対するアヘン戦争のように軍事力でこれを強制します。

　こうして欧米帝国主義諸国と植民地・半植民地の間には、かつてない規模での搾取―被搾取関係、隔絶した格差が生み出されました。インドやアイルランドの農地では、食糧——穀物・ジャガイモなど——の生産が停止され、イギリス工業向けの原材料として綿花・羊毛が作られ、途方もない民衆が餓死しました。中国（清）はイギリスにアヘンの自由貿易輸入を強制され、莫大な人命と富を奪われました。

　アジア諸国の中にはごく一部、日本のように植民地・半植民地になるのを辛うじて免れ、自ら帝国主義国になった国もあります。しかし、それは帝国主義世界システムの強化であり、それへの批判・異議申し立てではありません。

　そして帝国主義諸国は、植民地・半植民地での利権争奪、および、植民地の民族解放闘争の抑圧のための帝国主義戦争を繰り広げました。最初は個別の帝国間、および、個別の民族解放勢力との戦争でしたが、20世紀には二度の世界大戦を引き起こしました。特に第二次世界大戦での核兵器の製造・使用は、帝国主義世界システムが人類を絶滅させかねない現実を、目に見える形で示しました。

コラム10　資本主義と労働者階級

　資本主義は、奴隷制や封建制と同様、剰余価値の搾取—被搾取に基づく階級社会です（「コラム7」を参照）。ただし、資本主義の下での労働者階級は、搾取の現実を見抜くことが難しい立場におかれます。

　第1に、労働者階級は、二重の意味で「自由」になります。

　労働者階級は、封建的な世襲身分制からの「自由」——職業選択の自由——を与えられます。個人の能力と努力に応じて、階級・階層上昇のチャンスが平等に開かれている。これが、資本主義の階級制度を正当化する理念・建前です。

　ただし同時にそれは、激烈な自由競争の中で、実際には大多数の人々が挫折・敗北することを前提に初めて成り立つ社会システムです。また生まれながらの属性——出身家庭の経済水準・性別・人種など——の違いによって、実際のチャンスが不平等であるのも明らかです。

　しかも労働者階級は、封建時代の農奴と異なり、農地という生産手段をもちません。そこで生きるためには、自らの労働力を商品として売るしかありません。つまり労働者がもつ「自由」とは、雇われて働くか、それとも失業して餓死するかを自己決定する「自由」でもあります。

　しかしこのような資本主義の現実は、「職業選択の自由＝自立した個人＝自己責任」といった理念・建前によってしばしば覆い隠されます。

　第2は、労働市場による搾取の隠蔽です。

　奴隷は、自らが労働して作り出した生産物が、すべて奴隷主の所有物として搾取されるのを目の当たりにします。封建制下の農奴も、自らが労働して作り出した収穫物から貢租を現物で納めるので、搾取されている現実を実感します。

　しかし資本主義下の労働者は、労働市場においてあらかじめ賃金額を提示され、それに納得して契約し、自己決定に基づいて雇用されます。実際の生産過程で、自らが賃金として受け取る価値以外に、どれほどの剰余価値を作り出しているか、直接、目にする機会がありません。むしろ「契約どおりに賃金を受け取っている」と考え、搾取されていると感じないことの方が一般的です。

いいかえれば、労働市場において労働者が売るのは自らの「労働力」です。そして賃金は「労働力」の再生産費であり、労働市場では等価交換がなされています。しかし実際の生産過程では「労働」によって、それを上回る剰余価値が生産され、それが資本の利潤として搾取されます。だからこそ、資本主義の生産様式・階級構造が成り立つのです。しかし労働者には、自らの「労働力」の価値と「労働」が生み出す価値の違いが見えにくく、搾取の実態が隠されてしまいます（マルクス　1965a・b）。

　第3に、生産力の急速な発展も、搾取を隠蔽します。

　資本主義は、利潤の最大化を追求します。そこで資本家は獲得した膨大な利潤を技術革新などに投資し、さらなる利潤増殖につながる生産力の発展を目指します。

　しかも農業を主とする奴隷制・封建制とは異なり、資本主義では自然の制約を受けにくい工業が主な産業となります。そこで技術革新による生産力の発展が、いっそう顕著に進みます。

　こうして資本主義社会においては生産力が特に急速に発展し、たとえ搾取率が上昇しても、労働者が獲得する実質賃金もまた上昇する場合もあります。また「進歩が当たり前」の社会になることで、階級・階層格差や貧困も資本主義が構造的に生み出す問題ではなく、まるで進歩についていけない個人の自己責任・能力不足・社会不適応に起因するかのようにもみえてきます。「今はまだ貧困で格差が大きいが、もっと生産力が発展すれば、格差・貧困も緩和される」といった幻想も蔓延しがちです。

　そして第4に、とりわけ中核諸国の労働者は、植民地支配に基づき、自らもまた搾取されている現実に気づくのがいっそう、難しくなります。中核諸国では、「労働者も（資本家と）いっしょに、……世界市場—植民地独占によって気楽に暮ら」（エンゲルス　1974：307）せるからです。「他の民族を隷属させる民族は、自分自身の鉄鎖を鍛える」（マルクス　1966：383）のです。

― 第4章 ―

敗戦と日本国憲法にみる「日本国／日本国民」の再構築

1　敗戦と象徴天皇制にみる「日本国／日本国民」の形成

　第二次世界大戦の敗戦直後の「日本国／日本国民」を、日本国憲法、特に象徴天皇制との関係で見ていきます。

敗戦と「日本国／日本人」の変貌

　第二次世界大戦に敗北した日本は、その領土を本州・北海道・九州・四国、その他若干の諸島に縮小されました。いいかえれば、植民地だった台湾・朝鮮、およびアジア・太平洋の占領地が、日本の支配から解放されました。

　「日本人」の範疇も大きく変わりました。旧植民地の人々が、日本国籍——大日本帝国臣民——から解放されたのです。

　日本人の「日本国／日本民族」観もまた、一変しました。戦前の日本では、日本はアジアに開かれた多民族帝国で、日本民族は古来よりアジア諸民族が統合・融合されてきた混血・混合種と考えられていました。また戦前の日本人は、日本は神の子孫である天皇が統治する「神国」で、日本民族は「アジアの盟主」という選民意識をもっていました（本書103〜104、111〜114頁を参照）。

　ところが敗戦後、多くの日本人は、日本は古来より島国で、日本民族は日本列島の中で平和に暮らしてきた同質性の高い単一民族と考えるようになりました（小熊　1995：363）。また戦後の日本人は民族意識が極めて希薄で、「民族にこだわらない」「民族より個人が大事」という考え方を一種の正義、さらには近代的な人権意識とさえみなす独特の民族意識を身につけました。

　このような戦後の日本人の認識は、いうまでもなく歴史的事実に反する明らかな虚構です。本書の各章で見てきたように、「日本は島国で、日本人は同質性の高い単一民族だった」という事実は、旧石器時代以来、日本列島に実在したことがありません。これは、第二次世界大戦の敗戦後に創作された、新たな「神話」・虚構といえましょう。

　しかも戦後の日本社会にも、アイヌ・在日朝鮮人・在日中国人をはじめとす

る少数民族がいました。戦後の日本が単一民族というのは、その意味でも事実に反します。

それなのになぜ戦後の日本人の多くは、こうした奇妙な民族意識に囚われてしまったのでしょう。

戦前の反省と民族解放の正義

そこには、さまざまな背景がありました。

１つは、戦前の海外侵略・植民地支配への反省です。「島国の外への侵略・膨張は「悪」」「島国であることこそ「善」・「平和」で、本来の日本の姿」といった考えです。

もう１つは、戦後、世界各地で民族解放闘争・民族独立が進んだことです（小熊　1995：356、1998：539）。「民族」という概念が、帝国主義・植民地支配を批判する「正義」の旗印になりました。1960年代までは世界的に、多民族国家は民族自決が不徹底な国とみなされ、単一民族国家こそ望ましいと考えられていました。多民族国家がポジティブに評価され始めたのは、1970年代以降になってからといわれています。

ただし、この２つの理由だけでは、戦後日本の「単一民族神話」の成立を十分に説明しえません。

なぜならまず第１に、戦後の日本人が、戦前の日本について本当に反省したかというと、疑問だからです。

たとえば、戦前の日本の侵略戦争・植民地支配は、遅くとも日清戦争から始まりました。そこで敗戦後、日本の領土も日清戦争以前のそれに縮小されました。しかし戦後の日本人は、日清戦争・日露戦争・第一次世界大戦について本当に反省しているでしょうか。むしろ第二次世界大戦、もっといえば日本列島・太平洋戦線でアメリカに敗北したとしか考えていない人が多いように思われます。これは単なる「敗戦」、しかもその一部についての反省であって、「戦前」の反省とはいえません。

また戦後の日本社会では、旧植民地出身者――在日朝鮮人・在日中国人――

への差別も長らく続きました。もし本当に侵略・植民地支配を反省していれば、こうした差別・偏見も戦後すぐなくなったはずです。

さらに戦後の日本社会で、沖縄（琉球国）・北海道（アイヌモシリ）への侵略・植民地支配の歴史は、反省されたのでしょうか。先住民としてのアイヌの権益補償は、今もほとんどなされていません。沖縄には今も、在日アメリカ軍基地の7割以上を押しつけています。戦前の歴史の反省がなされているとは、とても思えません。

第2に、民族独立・民族解放という世界的な「正義」は、強固な民族意識の上に成り立ちます。戦前の日本の侵略戦争を反省し、植民地の民族解放の意義を深く認識するには、明確な民族意識が不可欠です。

しかし、戦後の日本人は前述のように民族意識が希薄で、「民族にこだわらない方がよい」と考えています。

これらをふまえれば、戦後の日本の「島国」単位の「単一民族神話」は、単なる戦前への反省や、戦後の民族解放の「正義」とは異なる文脈で形成されたと考えざるをえません。

アメリカの単独占領

さて、敗戦後の日本は、世界最強の資本主義国・アメリカに実質的に単独占領されました。しかも当時、社会主義・共産主義を標榜する勢力が急速に伸長し、世界が資本主義と「社会主義」の両陣営に大きく分断されつつありました。東西冷戦です（「コラム12」を参照）。そのような戦後世界において、資本主義の唯一の超大国・アメリカに単独占領された事実は、今日に至るまで日本社会のあり方に大きな影響を与えています。

アメリカの初期の対日占領政策には、2つの目的がありました。

第1は、戦前の日本帝国主義を完全に解体し、その復活を阻止することです。アメリカはまず、日本の軍隊を解散させました。戦前の日本経済を支えた財閥・寄生地主も解体しました。天皇主権も廃止し、国民主権・男女普通選挙を導入しました。労働組合運動も公認・奨励しました。教育勅語を廃止し、民主

主義教育も導入しました。イエ制度を解体し、両性の平等・個人の尊厳に基づく新たな家族制度も導入しました。総じて、徹底した民主化を進めたのです。戦後日本の民主主義は、こうしたアメリカの占領政策なしにはありえなかったでしょう。

　第2に、アメリカは、日本を共産主義・社会主義化させないことを、もう1つの大きな目的としていました。社会主義につながりかねない要素は、占領政策から取り除きました。寄生地主制を解体した農地改革では、自営農民の小土地私有は認めましたが、農民が土地を共同所有したり、共同で農業経営を行うことは厳しく禁じました。労働組合運動は推奨しましたが、労働者が共同で生産管理をしたり、企業の枠を超えて大規模なストライキをすることは、軍事力も使って徹底的に弾圧しました。

　総じて、初期の占領政策でアメリカが目指していた日本は、アメリカに二度と刃向かわず、しかも資本主義と平和主義を堅持する小国でした。さらにその基礎には、アメリカに敵対する民族意識、すなわち戦時中の「鬼畜米英」はもちろん、社会主義と結びつく民族独立・民族解放の意識も「自然」な形で消し去り、日本を軍事力で占領するアメリカへの反感を抱かせず、むしろアメリカを平和と民主主義のモデルとみなさせるという明確な目標がありました。

象徴天皇制とその受容

　アメリカは、こうした目的に基づき、戦後の日本国憲法の骨格を策定しました。日本国憲法は、アメリカ——連合軍最高司令官総司令部民生局メンバー——が作った英文草案をもとに、日本の政府・国会が若干の変更を加え、日本の国会で圧倒的支持を受け、1946年に公布されました。

　戦後の「日本国/日本国民」とは何か。それは、憲法第一条に明記されています。

　　「天皇は、日本国の象徴であり国民統合の象徴であって、この地位は主権の存する日本国民の総意に基く」

つまり戦後の「日本国／日本国民」とは、天皇を象徴として統合された政治的共同体です。
　なぜアメリカは、天皇を統合の象徴に据えたのでしょう。
　アメリカは日本に戦争で勝ったのですから、日本の戦争の最高責任者・主権者だった天皇を処罰し、天皇制を廃止しても不思議ではありません。現に日本と戦ったアメリカ以外の諸国の多くは、天皇制廃止を想定していました。アメリカ国内でも、天皇を処罰せよとの世論が圧倒的多数でした。
　しかしアメリカは、天皇制をあえて残しました。それは、天皇制を廃止すると、日本で革命的騒乱が起き、日本が社会主義化するリスクがあると考えたからです。アメリカの目的に沿った国に仕立て上げるには、天皇を傀儡として利用した方がよいと判断したのです。
　アメリカはなぜ、天皇が傀儡になり得ると考えたのでしょう。
　天皇は7〜8世紀、倭国が「日本国」に国名を変えるのと軌を一にして、それまでの倭王が名乗った称号です。しかもその際、天皇を、日本国を作った神の直系子孫という「神話（天孫降臨）」と血統主義によって権威づけました。日本国と天皇は、こうした虚構・フィクションの上に一体不可分のものとして成立しました（本書67〜68頁を参照）。
　そこで日本では、天皇独裁を建前とする律令国家の崩壊後も、各時代の権力者は「日本国」の統合の核・傀儡として天皇を利用してきました。天皇制が継続してきたのは、「日本国」の支配を目指す各時代の権力者の傀儡の役割を、天皇が従順に果たしてきたからにほかなりません。
　明治以降、近代国家としての「日本国」の構築に際しても、天皇が核とされました。そこで戦争中も、多くの日本国民が「日本は神の国」と信じ込み、天皇のために戦死しました。このように近代的な日本国民の意識に深く入り込んだ天皇制を廃止すると、日本人は核を失い、そこに新しい価値観、たとえば社会主義が浸透すると、それに染まってしまいかねません。アメリカとしては自らの国益の観点から、それを阻止しなければなりません。そこでアメリカは日本を実質的に支配する新たな時代の権力者として、自らの傀儡として天皇が最

も有効と判断し、いいかえれば天皇以上に有効な傀儡を見い出せなかったのです。

　では、日本政府・日本国民は、こうしたアメリカの決定をどのように受け入れたのでしょう。

　まず敗戦前後の日本政府は、天皇制・天皇主権の維持をほぼ唯一の目標としていました。そこで、アメリカから国民主権・象徴天皇の憲法案を示された時、日本政府の高官は大きな衝撃を受けました。しかしその後、これを受け入れていきます。そこにはもちろん、アメリカの意向には逆らえないといった消極的理由もありました。しかし、それだけではありません。日本でも労働者・農民の階級運動・社会主義勢力が強まる中で、これを抑え込み、資本主義下で国民国家の統合を守ることが何より重要というアメリカの考えを、日本政府も共有したのです。日本が社会主義になれば、天皇制は完全に廃止されます。また国際的にも前述のように、天皇制の廃止を求める世論が高まっており、そうした中で何とか天皇制を維持するには、元首・主権者として天皇に政治責任を負わせるより、むしろ象徴にしておく方がよいと判断したのです。

　ただし日本政府は、日本国憲法の英文草案を翻訳する際、1つの重要な変更を加えました（ダワー 2001 下：161-163）。英文草案では、主権者は「people（人民）」でした。日本の外務省が準備した当初の訳文も、これを「人民」と訳していました。しかし当時、「人民」という用語は、社会主義・共産主義につながる社会変革の担い手という意味合いを色濃くもっていました。そこで日本政府は、これをあえて「国民」と翻訳しました。日本政府の翻訳担当者は、「国民という言葉で国家の一員としての意味合いを強調したかった。人民という言葉は、……天皇制に反対する人々という意味を伝えてしまう」と後にその意図を説明しています。

　さらに日本政府は、新憲法の制定過程にも工夫をこらしました。まず、天皇が国会（帝国議会）に「政府当局其れ克く朕（天皇）の意を体し、必ず其の目的を達成せむことを期せよ」という勅語とともに憲法案を提議しました。天皇が臣民に対し、新憲法を支持することを命じたのです。

　また政府は憲法公布に際し、「上諭」も付加しました。

「朕は、……帝国憲法の改正を裁可し、ここにこれを交付せしめる　御名　御璽」

　「上諭」は単なる公布文にすぎません。しかし、これにより形式的には天皇が主権者として自発的に主権者の地位を降り、新たな国家・国民の統合の象徴に就任したことになります。戦後の新憲法は、天皇の裁可・意思に基づく、戦前の大日本帝国憲法の規定に沿った改正であり、天皇によって公布されたという形式が整えられました。

　では、一般の日本国民は、象徴天皇制をどのように受け止めたのでしょう。

　一部の日本国民——日本共産党など——は、天皇の戦争責任を明確にし、人民主権を実現する立場から天皇制廃止を主張しました。

　しかし大多数の日本国民は、天皇制の存続、それどころか天皇主権を支持しました。当時の世論調査でも、日本国民の9割以上は天皇制存続を支持していました（雨宮 2008：80-88、横田 1990：44）。戦後に行われた総選挙でも、天皇主権を主張する諸政党が、圧倒的多数の議席を獲得しました。

　大多数の日本国民は、天皇の名の下に行われた戦争で大きな被害を受けたにもかかわらず、なぜ戦後になっても天皇制の維持を支持したのでしょう。

　そこにはもちろん戦前、「天皇は神／天皇あってこその日本」と教育され、それ以外の社会をイメージできなかったこともあるでしょう。また戦災で荒廃した日本の復興を考える時、国家としての統合が必要で、その核として——アメリカがそうだったように——天皇以外の存在を発見できなかったとも考えられます。

　ただし、日本国民・日本政府がいかに天皇主権を望んでも、アメリカは絶対にそれを認めません。アメリカの第1の目的は前述のように、日本帝国主義の完全な解体、復活阻止です。そこでアメリカは、天皇を主権者・元首ではなく、「国家・国民統合の象徴」としました。

　さらにアメリカは、もう1つ仕掛けをしました。戦前の日本の天皇主権、および、侵略戦争・植民地支配がいずれも前近代的・封建的な制度・政策であり、こうした封建制をすべて解体して近代化・民主化を推進するのがアメリカの占

領政策・戦後改革である。このような歴史観を普及し、日本国民の思想統一を図ったのです。

　この歴史観はいうまでもなく、まったくの虚構です。戦前の日本の天皇制・侵略戦争・植民地支配は封建制ではなく、近代的な明治以後の制度・政策です。独裁国家も民主国家も、元首としての天皇も象徴としての天皇も、いずれも近代国家制度の諸形態にほかなりません。

　しかし戦後の日本人は、こうしたアメリカによる虚構の歴史観をほとんど批判することなく、受け入れました。そこで戦前の天皇主権は封建制で、戦後の象徴天皇制は近代的・民主的といった、戦後の日本でしか通用しない奇妙な認識をもつようになりました。

象徴天皇制の矛盾

　こうして戦後の「日本国／日本国民」は、多くの矛盾を抱え込むことになりました。

　まず第1は、戦前の日本政府の戦争責任、特に主権者たる天皇の責任を曖昧にしたことです。戦前、大多数の日本国民は主権者ではなく、被支配階級でした。日本国民は、天皇をはじめとする支配階級が起こした戦争によって多大な被害を被りました。しかし敗戦後、その被害をもたらした戦前の支配階級の責任を明確にせず、曖昧に済ませてしまったのです。

　それはまた、戦前の日本の近代化——侵略戦争・植民地支配——の歴史の曖昧化を意味します。過去の侵略戦争・植民地支配は、古い「封建的」な日本が犯した過ちであり、戦後の近代化・民主化した日本は、そのような過去の過ちを克服し、まったく新たな国家・国民に生まれ変わったという虚構の歴史認識です。

　また戦後の日本国民は、戦争の最高責任者たる天皇をも免罪した以上、原爆や空襲・沖縄地上戦など、非戦闘員を大量虐殺したアメリカの戦争責任も曖昧にせざるをえません。

　さらに戦前の大多数の日本国民は、単に戦争被害者であったばかりでなく、

むしろ自ら進んで侵略戦争・植民地支配を支持・選択していった側面も有していました（本書111頁を参照）。しかし、この歴史的事実もまた曖昧にされました。こうして戦後の日本国民は、戦前の自身に対する痛切な反省をふまえず、自らの戦争責任を問い直すこともないまま、戦後の平和と民主主義の享受者になりました。

　それともかかわり、第２の矛盾は、国家理念の曖昧化です。戦後の日本に元首がいるのか、天皇は元首かについて、日本政府も公式見解を出せません。天皇は立憲君主か、それとも象徴にすぎないのかも曖昧です（冨永 2010：214）。

　その曖昧さは、国名にも表れています。

　国名で建国の理念を示す国は、少なくありません。国王（立憲君主）を元首に戴く国は「王国」（イギリス・タイ・スウェーデンなど）、国民が元首（大統領など）を選挙で選ぶ国は「共和国（または民国）」（イタリア、インド、韓国など）、その中でも複数の州が地域的な多様性を尊重しつつ連合し、１つの主権を構成する国は「合州国（または連邦）」（アメリカ、ロシア、ドイツなど）です。社会主義を国是とし、国家主席を元首とする国は「人民共和国（または社会主義共和国）」（中国、ベトナムなど）です。

　日本の場合、天皇は「王（king）」ではなく、「皇帝（emperor）」です。もし、戦後の日本が天皇を元首とする国ならば、国名は「日本帝国」でなければなりません。しかし、これは1945年に崩壊しました。また戦後は国民主権である以上、「日本帝国」の国名は不適当です。天皇は「王」ではないので「日本王国」でもなく、選挙で選ばれてもいないので「日本共和国」でもありません。あえていえば、アメリカが「帝国（大日本帝国）」を解体したけれど、社会主義の「人民共和国」になるのを警戒し、これを阻止するため、天皇制を維持した。そこで「共和国」も名乗れなくなり、政治理念を含まない「日本国」とするしかなかったといえましょう。

　さらに第３に、天皇が民主主義国家の統合の象徴たり得るのか、という問題もあります。

　天皇の権威の根拠は、「神話（天孫降臨）」と「血統主義（万世一系）」です。

しかし戦後の日本国民の大多数は、この「神話」を信じていません。天皇自身も戦後、自らの神格化を否定しました――「人間宣言」――。

また日本国憲法は、血統の尊卑・家柄・門地や性別による差別を明確に禁じています。特定の血統の、しかも男性だけが継承する天皇制が、民主主義や人間の平等となぜ両立するのか。そのような面倒なことは触れず、考えず、語らずにやりすごすことが、戦後の日本国憲法の下での「民主主義」「国民主権」を安泰にするための"お作法"になりました。戦後の「日本国／日本国民」とは、思考停止の上に成立した空洞の民主主義国家とその主権者であるともいえましょう。「国民の意志は、国民の意志そのものとしてすでに絶対に正しいと考えるならば、かれは、民主主義の名の下に実は一種の神権政治に帰依している」（尾高 2014：94）のです。

なお戦後民主主義の家族制度は、天皇家においても側室制度を否定せざるをえず、後に「血統主義（万世一系）」の天皇制の存続を危機に追い込むことに

《関連年表》

1945	第二次世界大戦終結。日本無条件降伏。アメリカによる日本占領。連合軍総司令部（GHQ）、日本軍解散、軍需産業全面禁止、治安維持法廃止、財閥解体、農地改革、国家と神道の分離などを指令。5大改革（婦人参政権・労働組合奨励・教育自由主義化・経済民主化・司法警察制度改革）。天皇、マッカーサーを訪問。衆議院議員選挙法改正。生産管理闘争。
1946	天皇神格化否定の詔書（人間宣言）。GHQ、天皇主権の憲法案（松本私案）を拒否。閣議、GHQ憲法草案の受け入れを決定。戦後初の総選挙。メーデー復活。全日本産業別労働組合・総同盟・日本農民組合結成。第2次農地改革。日本国憲法公布。GHQ政治顧問・外交局長（アチソン）、「日本に共産主義を歓迎せず」声明。
1947	GHQ、ゼネスト中止を命令。日本国憲法施行。教育基本法・労働基準法・過度経済力集中排除法（独占禁止法）・新民法（家制度廃止）公布。全国農民組合・全労連結成。

もなりました。

そして第4に、象徴天皇制は、外国人・異民族に対する排他性も生み出しました。

戦後の日本国は、民族・文化的な多様性を尊重しつつ、1つの主権を構成する「連邦（合州国）」でもなければ、基本的人権・自由・平等といった普遍的理念を核とする「共和国」でもありません。あくまで天皇という日本独自の伝統・文化を象徴として統合された国家です。そこで戦後の日本では、外国人・異民族の人々を排除し、文化的な多様性を認めず、同化を強制する排他的な政治・社会が生み出されました。島国単位の戦後版「単一民族神話」の完成です。戦後の日本社会に、旧植民地の出身者——在日朝鮮人・在日中国人——に対する差別が長らく続いたことも、その現れといえましょう（本書164〜165頁を参照）。

2　敗戦と平和主義にみる「日本国／日本国民」の形成

日本国憲法、特に平和主義との関係で「日本国／日本国民」の形成過程を見ていきましょう。

平和主義とその受容

日本国憲法第九条には、「日本国民は、……国権の発動たる戦争……は、永久にこれを放棄する。……陸海空軍その他の戦力は、これを保持しない。国の交戦権は、これを認めない」とあります。

これをありのままに読めば、自衛のための戦争も含め、国の交戦権、および、戦力の保持を完全に禁じています。憲法制定の国会でも日本政府は、正当防衛・自衛の戦争・戦力も含めて放棄すると明確に答弁・説明しました。

では、日本国民の安全・生存は何によって守られるのでしょう。日本国憲法によれば、「平和を愛する諸国民の公正と信義」によって守られます。「平和を愛する諸国民」は、元の英文草案では"the peace loving peoples of the world"です。ここで特に重要な点は、「諸国民」が"nations"ではなく、

"peoples"だということです。つまり日本国民の安全・生存は、自国や他国の「国家・国民（nations）」の武力・自衛権・国策・外交によってではなく、世界の「人民（peoples）」の公正と信義によってのみ守られるのです（和田 1997：39）。

なお前節で、憲法の英文草案で主権者は「人民（people）」でしたが、日本政府はこれを「国民」と意図的に変更して翻訳したと述べました（本書129頁を参照）。しかしこれは翻訳者の意図を越え、日本国の安全・生存の最大の担保を失わせることになりました。日本国憲法と同様の平和主義憲法を有し、その意味で「平和を愛する諸国民・国家（nations）」は実際には存在しないからです。

そこで、こうした日本国憲法の平和主義については、さまざまな政治的立場が見られます。

ごく大まかにいえば、一方に、「憲法平和主義こそ人類が追求すべき理想、普遍的な正義で、いかなる戦争も絶対にしてはいけない」、または「憲法平和主義を堅持してきたからこそ、戦後の日本は戦争を経験しなくてすんだ」、したがって今の憲法を守るべきという、いわゆる"護憲派"の立場があります。

他方で、「憲法平和主義は非現実的だ。日本も一定の戦力をもち、防衛戦争を覚悟しなければ、他国の侵略を防げない」、そこで今の憲法を変えるべきだという、"改憲派"の意見もあります。

ただ、どちらの立場に立つにせよ、こうした平和主義憲法がなぜできたのか、その成立の背景を知っておくことは必要でしょう。

平和主義憲法が成立した背景には、いうまでもなく第二次世界大戦の惨禍をふまえた世界の「人民（peoples）」の反戦・平和を求める世論がありました。

ただしそれだけでなく、当時、日本を占領していたアメリカの政策、つまり日本帝国主義の完全な解体、復活阻止という目的もありました（本書126〜127頁を参照）。アメリカは日本を武力的に完全に無力化するために、この平和主義憲法草案を作りました。

では、日本の政府・国民は、憲法平和主義をどのように受け入れたのでしょう。

まず日本政府は、憲法平和主義をほとんど問題視せず、受け入れました。当時の日本政府のほぼ唯一の関心は、天皇制の維持にありました。そこでアメリ

カに、「天皇の戦争責任を問う国際世論を説得し、天皇制を守るためには、二度と戦争しないと反省を示す必要がある」と指摘されれば、受け入れるしかありませんでした。また軍隊解散・武装解除は、アメリカ占領下で現に実施されていた既成事実です。これを受け入れることは、日本政府にとって最も現実的な現状追認でした（小熊 2002：164-165）。

では、日本国民はどうだったのでしょう。

ごく一部の国民――日本共産党など――は、民族自決・民族独立の観点から、自衛戦争の権利を放棄する憲法平和主義に反対しました。しかし圧倒的多数の国民は、憲法平和主義を支持・歓迎しました。

そこにはさまざまな理由がありましたが、最も大きかったのはやはり、「戦争は二度と嫌」という素朴な反戦・厭戦の意識でしょう。反戦・平和を求める世界の「人民（peoples）」の世論の一環ともいえます。

またそれに加え、当時の日本のマスメディア・学校教育などでは、新時代の平和主義ナショナリズムともいうべき見解も見られました（ダワー 2001 下：186、小熊 2002：159-160）。憲法平和主義こそ「世界に誇る平和国家日本」の証であり、「武力と戦争を放棄した「選ばれた国」」、「戦争に負けて、平和・文明で勝つ」といった言説です。ここには、平和憲法をもっていない他の国よりも、日本は先進的なのだといったナショナリスティックな感覚が見られます。

憲法平和主義の国民的制約

しかしいずれにせよ、戦後の大多数の日本国民の平和意識には、いくつか独特の偏向・屈折がありました。

まず第1に、それは多くの場合、原爆・空襲、徴兵された家族の戦死など、日本列島内での戦争被害の体験に根ざしていました。そこで、アジア諸民族が日本政府の侵略戦争によって受けた被害と自らの被害を、1つの同じ戦争被害・共通の階級的被害と捉える想像力が希薄でした。しかも日本国民は、自らの主体的な政治選択、または戦争を推進した戦前の支配階級を自ら打倒することで、戦争終結を勝ち取ったわけでもありません。そればかりか戦後の日本国

民の多くは、戦前の日本国民自身が戦争・植民地支配を批判せず、むしろ支持・賛美していた歴史的事実についても無反省でした（本書131～132頁を参照）。戦争の最高責任者だった天皇を、戦後、自らの統合の象徴として平然と受け入れたことは、その1つの証です。その意味で、戦後の日本国民の平和意識には、戦争被害者としての階級的主体性、および、国際連帯の視野が希薄だったといわざるをえません。

　そこで第2に、戦後の日本国民の平和意識は、戦前の日本政府が行った侵略戦争も、これに抗してアジア諸民族が行った民族解放闘争も一括して、すべての戦争を「悪」とみなすことにつながりかねません。中国・朝鮮などの民衆は日本帝国主義に抵抗し、民族解放闘争を戦い抜き、ようやく民族の独立と平和を勝ち取りました。ところが、その日本が戦争に負けると突然、「あらゆる戦争は悪」といい出すのです。まるで、「どっちもどっち、どちらも悪」といわんばかりです。戦後の日本国民の平和意識には、戦前のアジア諸民族に対する日本帝国主義の侵略戦争の歴史認識が、十分にふまえられているとはいえません。まして戦後日本を「平和先進国」とみなす平和主義ナショナリズムに至っては、周囲のアジア諸民族からみれば、自民族の固有の歴史的文脈に向き合おうとしない滑稽な尊大さでしかありません。日本の侵略・植民地支配を受けた諸国民は、日本国憲法平和主義を人類に普遍的な――自国の憲法にも採用すべき崇高な――理念ではなく、かつて侵略戦争を行った日本への「手枷／制裁」とみなしました。

　そして第3に、このように民族独立の重要性をふまえない、いいかえれば民族意識が希薄な戦後の日本国民は当然、自らの民族独立にも無関心でした。原爆・空襲・沖縄地上戦などで日本の非戦闘員を大量虐殺したアメリカの責任も不問に付し、自国を軍事力で占領しているアメリカを民主主義の模範と賛美し始めたのです。

憲法平和主義の普遍的可能性

　ただし、ここで留意すべきことは、日本国憲法の平和主義が、実は反帝国主

義・民族解放闘争の階級的な「国際連帯（international-ism）」の主張とむしろ親和的だったという事実です。

すなわち日本国憲法は、「政府の行為によって再び戦争の惨禍が起ることのないようにすることを決意」し、「国権の発動たる戦争」を永久に放棄しました。ここで禁じているのは、あくまで政府・「国家（nation）」による戦力保持・交戦です。「人民（peoples）」による民族解放闘争・階級闘争ではありません。

しかも実際の民族解放闘争はほとんどの場合、国権の発動たる戦争ではなく、人民によって自発的に、したがって国籍・国境を越えて遂行されてきました（「コラム11」を参照）。それは、自民族に抑圧・苦難をもたらす帝国主義世界システムに対する広義の階級闘争です。このような人民による民族解放闘争を、日本国憲法は決して禁じていません。むしろその平和主義は、戦争を引き起こすのは国家であり、国家やその「連合（inter-nationalism／united nations）」が人民の生命を守るのではなく、生命を守るのは世界の「人民（peoples）」による「国際連帯（international-ism）」であるという宣言にほかなりません。

また、「平和を愛する世界の「人民（peoples）」」は、原爆・空襲などによる大量無差別殺戮も行いません。それは、単なる理想主義や道徳心からではありません。そもそも非戦闘員に対する「無差別」殺戮といわれるものは、実は無差別ではなく、敵「国民（nation）」を標的とした差別的・選択的な殺戮です。これに対し、国境・国籍を越えてどこにでもいる「人民（peoples）」は、自らを殺戮するこうした戦法を採用できないのです。

東西冷戦の激化と平和主義の歪曲

しかし敗戦後の大多数の日本国民は前述のように、こうした反帝国主義の階級闘争・国際連帯の主体性を事実上、放棄してしまいました。また、「人民（people）」を「国民（nation）」と修正訳した日本国憲法では、こうした世界の人民に依拠できません。戦後の日本において、憲法平和主義の根拠は大きく毀損されたといえましょう。

そのことは、憲法が公布された翌年、1947年には早くも露呈しました。東西

冷戦が激化し、アメリカの対日占領政策が大きく転換したからです。

すなわちアメリカは当初、東アジアにおける共産主義の拡大を、中国で阻止するつもりでした。当時、中国では国民党と共産党が内戦を繰り広げ、アメリカは国民党に膨大な軍事・経済支援を行っていました。

しかしアメリカの意に反し、中国では共産党が優勢でした。そこでアメリカは、日本を「反共産主義の防壁、極東の工場」に、すなわち日本に再軍備をさせ、そのための経済基盤として強力な独占資本主義を復活させることへと方針を転換したのです。

1949年、中国の内戦で共産党が勝利し、中華人民共和国が成立しました。これにより、アメリカの対日占領政策の転換も決定的になりました。

東西冷戦は1950年、"熱い戦争"として勃発しました。朝鮮半島全域を戦場として、アメリカ・韓国と中国・北朝鮮が、4年間にわたって戦争を繰り広げたのです。

この朝鮮戦争は、日本の独占資本にとって、絶好のチャンスでした。日本の大企業は兵器の生産を再開し、膨大な戦争特需の恩恵を受けました。日本は、戦前の鉱工業生産水準を一挙に回復しました。

同時に日本は、朝鮮半島に向けたアメリカ軍の出撃・中継基地になりました。在日アメリカ軍基地から朝鮮半島に、膨大な軍隊が出撃したのです。かつて日本軍を解散させ、日本に非武装・戦争放棄の平和主義憲法を制定させたアメリカは、以前とは正反対に「日本には武力行使を含む自衛権がある」「日本を軍事基地にする」と宣言し、沖縄に恒久的な軍事基地を建設しました。またアメリカは自らのアジア戦略に利用する現地人部隊として、日本に警察予備隊の創設を命じ、再軍備の先鞭をつけさせました。

こうしたアメリカの政策転換に対して、日本の政府・国民はどのように対応したのでしょう。

まず日本政府は、アメリカの指示に従順に従いました。アメリカの冷戦戦略の枠内で、日本を経済成長させる路線を受け入れたのです。

そこで日本政府は、憲法の解釈も変更しました。憲法制定時、日本政府は前

述のように、憲法平和主義が自衛戦争を含む交戦権の放棄、完全な武装放棄だと言明していました。しかし政府は前言をひるがえし、憲法の条文は変えないまま、「日本国の自衛のためには一定の武装も憲法違反には当たらない」と解釈だけを変えました（「解釈改憲」）。

そして日本政府は1951年、サンフランシスコ講和条約を締結しました。アメリカによる占領が終結し、日本は「独立」を果たしたのです。ただし、その「独立」もまた、アメリカの冷戦戦略の枠内で行われました。日本が講和条約を結んだのは、アメリカの強い影響下にある「西側（資本主義）」諸国だけです。社会主義国や一部の非同盟諸国（インドなど）とは結びませんでした。いわゆる「片面講和」です。日本は、東西冷戦に「西側」の一員として対峙するという政治的立場を明確にして、アメリカに「独立」を認められたのです。また戦前の日本による主要な戦争被害国（中国・韓国・北朝鮮など）も、講和会議に招待されませんでした。アメリカにとって重要な軍事基地である沖縄は、引き続きアメリカ軍の軍政下にとどめおかれました。

しかも講和条約と同日、日米安保条約が締結されました。これは、アメリカ軍が引き続き日本への駐留権をもつこと、ただし日本を防衛する義務は負わないこと、日本はアメリカに無制限に基地を提供すること（全土基地方式）、基地周辺地域のアメリカの治外法権、駐留アメリカ軍基地の維持費を日本が負担することなど、典型的な不平等条約でした。警察予備隊は保安隊・自衛隊へと改編され、その中枢指揮権は事実上、アメリカ軍が握り続けました。

このようなアメリカへの従属は、アメリカから一方的に押しつけられたわけではありません。日本の政府・独占資本（財界）もまた、「軍事的真空状態は共産主義の侵入を招く」との理由で、アメリカ軍の駐留継続・日本の再軍備に同意しました。

日本国民の抵抗と馴化

では、日本国民は、どのように対応したのでしょう。

日本の独占資本主義復活は、大多数の日本国民の生活に深刻な矛盾をもたら

しました。すなわち強力な独占資本主義・大企業を復活させるため、民衆には低賃金・低米価・増税が課されました。公共事業・福祉・教育の政府予算は大幅に削減され、中小零細企業をはじめ大量の倒産、労働者の解雇・失業が広がりました。

朝鮮戦争の特需による好景気も、労働者にとっては長時間労働と労働強化、臨時工など不安定雇用の増加をもたらしたにすぎません。賃金は停滞し、労災事故も多発しました。中小零細企業には、特需も無縁でした。

そこで、労働者・農民による生活防衛の社会運動が急速に広がりました。アメリカ軍基地建設のための土地・漁場の強制収容に対し、農民・漁民の基地反対運動も繰り広げられました。憲法平和主義をふまえ、日本の再軍備・朝鮮戦争への加担に反対する運動も広がりました。

サンフランシスコ講和会議に際しては、資本主義国に限った「片面講和」に反対し、社会主義国・非同盟諸国、とりわけ日本が戦争被害をもたらした諸国を含む「全面講和」を求める運動も、全国的に展開しました。日米安保条約に反対し、在日アメリカ軍基地の撤去を求める運動も活性化しました。それらの運動は、世界の「人民」の反戦・平和の世論とも連動していました。「原子兵器の絶対禁止」を求めるストックホルム・アピールを支持する署名運動を機に、日本国内の反核・平和運動も全世界への訴えとして活性化していきました。

そしてこれらの運動は、多様な政治的立場を含んでいましたが、総じて東西冷戦の枠組みを超えて非武装・「中立（非軍事同盟）」の日本国を作るべきといった主張が主流をなしていました。

しかし、こうした日本国民の動きは、いうまでもなくアメリカの冷戦戦略や日本政府の国家戦略と真っ向から対立します。そこでアメリカと日本政府は、「飴」と「鞭」の"両面作戦"でこれに対抗しました。

まず「飴」として、日本の経済発展の環境整備がなされました。1951年に発表された日米経済協力構想は、日本がアメリカの冷戦戦略の枠内で加工輸出貿易を軸に経済成長する道筋を示しました。1ドル＝360円の固定レート、IMF（国際通貨基金）・GATT（関税と貿易に関する一般協定）への加入は、アメリカ

のドルを機軸とする自由貿易体制への日本の参入を決定づけました。

　もう1つは「鞭」です。アメリカ・日本政府に反抗する民衆には、徹底した弾圧が加えられました。とりわけ朝鮮戦争開戦後は、労働者のストライキの禁止、左翼的労働組合への解散命令、共産主義者の公職追放など、戦前への「逆コース」ともいわれる政策が推進されました。また今なお真相が謎に包まれた政治的謀略事件——下山事件・三鷹事件・松川事件など——や、血のメーデー事件などの武力弾圧も頻発しました。

　こうした"両面作戦"によって、日本国民の中に、アメリカ・日本政府の方針を支持する世論が増えていったのです。

一国平和主義

　これと軌を一にして日本国民の中には、「島国」単位の一国平和主義も台頭していきました。つまり「日本にさえ戦争が起きなければ／日本さえ戦争に巻き込まれなければ、それでいい」という世論の増加です。

　そこには、いくつかの政治的立場がありました。

　第1は、憲法平和主義と日米安保条約を、ともに日本の安全保障・経済発展に役立つ道具とみなし、双方を支持する立場です。日本政府の「解釈改憲」を支持する立場ともいえます。つまり日本国には自衛権があるが、自衛隊だけでは防衛は困難なので、日米安保条約でアメリカに守ってもらう。またアメリカが守ってくれるからこそ日本は軍事費を節約し、経済成長を優先できる。そしてこうした軽武装の歯止めとして憲法平和主義は有効だ。この立場は、有事にはアメリカが日本を必ず守ってくれるという信頼の上に成り立ちます。いいかえれば、その信頼を維持するためには日本がアメリカにとって必要な国であり続けなければならず、アメリカへの絶対的従属が前提となります。

　第2は、アメリカへの従属をやめ、日本が真に独立を実現するため、平和主義憲法を廃止し、改憲して、独自の再軍備を進めるべきとの主張です。1950年代半ば、与党の民主党をはじめとする保守政党はいずれも、こうした憲法改正を主張しました。ただし、こうした「自主憲法」制定の主張もまた、日米安保

条約の廃棄は主張せず、アメリカによる改憲・軍備増強の要求に基づくものである点に、日本の従属性が露呈しています（小熊 2002：463-464）。

《関連年表》

1945	第二次世界大戦終結。日本無条件降伏。アメリカによる日本占領。
1946	中国内戦（国民党・共産党）。
	GHQ、天皇主権の憲法案（松本私案）を拒否。
	閣議、国民主権・平和主義のGHQ草案の受け入れを決定。
	戦後初の総選挙。日本国憲法公布。
	GHQ・アチソン、「共産主義を歓迎せず」声明。
1947	GHQ、ゼネスト中止を命令。日本国憲法施行。
1948	アメリカ・ロイヤル陸軍長官、「日本は反共防壁」演説。
	経済力集中排除法適用大幅緩和。公務員争議禁止要求。
	戦犯釈放。帝銀事件。
1949	中華人民共和国成立。日本経済安定政策（ドッジ・ライン）発表。
	1ドル＝360円の為替レート設定。
	貿易振興に関するローガン構想発表。シャウプ税制勧告。
	独占禁止法緩和。団体等規制令。下山事件・三鷹事件・松川事件。
	社会党、全面講和・中立堅持・軍事基地反対の平和3原則決定。
1950	朝鮮戦争勃発。中国人民義勇軍、朝鮮戦争に出動。
	アメリカ軍首脳、「日本の軍事基地化」を声明。
	警察予備隊令公布。沖縄に恒久軍事基地建設声明。
	レッドパージ（共産主義者の公職追放）。
	マッカーサー、「日本の自衛権保持」強調、全労連解散を要求。
	日本労働総同盟（総評）結成。ストックホルム・アピール採択。
1951	マッカーサー、日本再軍備の必要説く。
	政府、財閥解体終了を宣言。戦犯追放解除。
	サンフランシスコ講和会議で平和条約調印。
	日米経済協力構想。日米安保条約調印。
1952	日米行政協定調印。血のメーデー事件。警察予備隊を保安隊に改組。
	IMF・世界銀行に加盟。企業合理化促進法公布。破壊活動防止法公布。
	石川県内灘をアメリカ軍演習場に。これに反対する内灘闘争。
1953	農民組合総同盟結成。スト規制法公布。独占禁止法改正公布。
	緊縮政策によるデフレ深刻化。政府、防衛力漸増を発表。
1954	日米相互防衛（MSA）協定調印。防衛庁・自衛隊発足。
	憲法擁護国民連合結成。
1955	原水爆禁止世界大会。米軍基地拡張をめぐり砂川事件。
	GATT加盟。日米原子力協定調印。

そして第3は、日米安保条約によって、日本がアメリカの戦争に巻き込まれてしまうという主張です。実際、日米安保条約がある以上、東アジアで戦争が起きるたび、アメリカ軍は日本国内の基地から出撃します。アメリカと敵対する国の側からいえば、日本国内の米軍基地を攻撃しなければ、自国を守れない事態も十分にあり得ます。アメリカが日本に軍事基地を配備しているのは日本を防衛するためではなく、アメリカ自身の東アジアでの世界戦略に必要だからにすぎません。したがって日本はアメリカの都合次第で、しかも日本政府・国民の意思決定・政治決断もないまま、戦争に巻き込まれるリスクがあります。そこで日本は日米安保条約を廃棄し、本来の平和憲法に基づく平和国家になるべきで、それこそが真の独立だという主張が生まれます。

　以上の3つの政治的主張は、互いに対立しています。ただしいずれも、「日本にさえ戦争が起きなければ／日本さえ戦争に巻き込まれなければ、それでいい」という「島国」単位の一国平和主義である点で共通しています。第3の立場は、それをとおして戦争のない世界の創造に貢献するという主張ですが、しかしそこでも憲法制定当時に見られた「戦争のない平和な世界」の主体的実現は後景に退き、「日本国民」の安全の観点が前面に出た「愛国的」主張であることは否めません。

戦後日本国民の平和と民主主義

　こうして戦後の「日本国／日本国民」にとって「平和」と「民主主義」はどちらも、反帝国主義・民族解放といった主体的・国際的な連帯によって闘い取るべきものではなくなりました。

　「平和」とは、アメリカによって与えられた「島国」内の非戦争状態です。「民主主義」とは、これまたアメリカが与えてくれた近代的・民主的な権利を「主権者＝国民」として享受・消費することでしかありません。

　そしてこのような「平和」と「民主主義」は、「島国（一国）」単位の経済成長によって実現されるという新たな「神話」が生み出されました。しかもそれは、天皇を統合の象徴とする国家・国民によって、またアメリカの冷戦戦略の

下でのみ成り立つ「神話」です。

　こうして戦後の日本国民には、「民族（の独立・解放）にこだわらないことが平和・民主主義」「アメリカは民主主義で、その占領下で推進された民主化は進歩的な近代化」といった、他の諸国・諸民族からは理解できない特殊な「平和と民主主義」観が形成されました。

　これこそが民族意識が希薄な、しかも「島国」単位の同質的な単一民族意識をもつ戦後の日本国民の実体といえましょう。

3　「日本国民」からの排除と同化強制——在日朝鮮人

　敗戦後の「日本国／日本国民」は、在日外国人、とりわけ旧植民地出身者の排除と包摂を抜きには形成されえませんでした。

　本節では在日朝鮮人を事例として、その経過を考察します。

歴史的前提

　1910年、日本は朝鮮半島を植民地にしました——韓国併合——。朝鮮人は、個々人の意思とは無関係に、強制的に日本国籍——大日本帝国臣民——にされたのです。

　もちろん日本人と朝鮮人は、同じ国民として平等だったわけではありません。日本人は内地戸籍、朝鮮人は外地戸籍と戸籍によって差別され、朝鮮人には自由な地域移動も朝鮮半島での参政権も認められませんでした（本書112頁を参照）。

　しかも日本政府は朝鮮半島で農民から土地を収奪し、多くの朝鮮人が生活の糧を失って流浪しました。その中には、日本列島に渡ってきた人もいます。一部には、日本に強制的に連行され、働かされた朝鮮人もいました。

　日本政府が朝鮮で行ったインフラ投資、および、学校教育も、いうまでもなく日本が支配・収奪を強化するための手段にすぎません。鉄道・道路・港湾などの建設は、資源・食糧の収奪や輸送を容易にしました。学校教育の普及も、朝鮮人の民族的抵抗を抑え、日本人への同化を強制するためでした。朝鮮の学

校では、日本の天皇の祖先と称する天照大神を祭った神社を参拝させ、皇居の方角を拝ませ、日本語を強制的に学ばせました。1940年以降、朝鮮人の氏名を日本人的なそれに変えさせる「創氏改名」も推進されました。

日本敗戦と東西冷戦

　さて1945年、日本は敗戦しました。いいかえれば朝鮮半島が植民地状態から解放され、そこに住む朝鮮人も日本国籍から解放されました。

　では、日本列島に住む在日朝鮮人の国籍をどうするか。この問題を解決しなければ、戦後の「日本国民」も明確に定義できません。

　日本敗戦当時、在日朝鮮人の人数について正確な統計はありません。推計では、約200万～210万人いたといわれています。そして敗戦後、そのうち約150万人が朝鮮半島に帰還しました（水野・文 2015：80-93）。

　しかし当時、朝鮮半島は南北に分断され、それぞれアメリカ・ソ連の軍政下におかれていました。多くの在日朝鮮人の出身地は南部で、そこではアメリカ軍政下で政治的動乱・経済的混乱が顕著でした。産業も壊滅状態で、食糧難も深刻でした。

　そこで日本敗戦の翌年、1946年には、朝鮮半島に帰ろうとする在日朝鮮人は減少し、日本に戻ってくる「逆流」現象も多発しました。また東西冷戦の下、在日朝鮮人社会の中でも、左派・右派の政治的対立が激化してきました。

　こうした中で、アメリカの対日占領軍と日本政府は、在日朝鮮人を日本の統治・国民統合の阻害要因・「不純物」とみなし、とりわけその左派──社会主義者・共産主義者──への警戒を強めました。南北に分断された朝鮮半島は世界の東西冷戦の最前線の1つであり、特にアメリカ軍政下におかれた南部において左派およびその疑いのある民衆は、アメリカにとって最も警戒すべき対象でした。それはまたアメリカによる日本のスムーズな統治にとっても、1つの撹乱要因・リスクとみなされました。

　そこでアメリカ占領軍と日本政府は、日本敗戦後も在日朝鮮人の国籍を当面は未処理のまま、つまり日本国籍とし、日本の司法権の下にとどめおきました。

当時はまだ新憲法制定以前で、戦前の大日本帝国憲法の司法権によって社会主義者・共産主義者への取り締まり・弾圧も可能でした。

　また1945年12月には、「戸籍法の適用を受けざる者の選挙権並びに被選挙権は、当分の内これを停止す」と選挙法を改正しました。すなわち在日朝鮮人は国籍としては日本だが、日本の戸籍——内地戸籍——がないので、参政権は認めないということです。ちなみに、戦前の日本では参政権は居住地主義であり、外地（朝鮮半島）では参政権は認められていませんでしたが、内地（日本列島）に居住する朝鮮人には認められていました。ところが戦後は、在日朝鮮人は日本国籍とされつつ、参政権は剥奪されました。この選挙法改正は、女性を含むすべての日本国民に参政権を認めた、いわば戦後の国民主権・民主主義の出発点です。しかしそれは同時に、日本国籍者である在日朝鮮人の参政権を一方的に剥奪したのです。

日本国憲法による排除

　さらに新憲法の制定に際し、日本政府は、アメリカ——連合軍最高司令官総司令部民生局メンバー——が作成した憲法英文草案を翻訳する過程で、重要な変更を加えました（田中　1995：62-63）。すなわちまず英文草案では、「外国人は、法の平等な保護を受ける」という条項がありましたが、これを削除しました。次いで、「すべての自然人は、その日本国民であると否とを問わず、法律の下に平等にして、……国籍により、……差別せらるることなく」という条文から、「日本国民であると否とを問わず」の文言を削除し、さらに「国籍」を「門地」に変えました。そして最終的には「すべての自然人は」も「すべて国民は」に変更しました。アメリカ占領軍は、これでは在日外国人の権利が守られないのではないかと指摘しましたが、日本政府の翻訳者は、ここでいう「国民」とは「あらゆる国籍の人々（all nationals）」だと説明しました。しかし実際には、参政権を含め、憲法で保障されたあらゆる民主的権利は、日本国籍をもつ「日本国民」だけに限定して認められることになったのです（ダワー　2001下：178-179）。

そして1947年5月、日本国憲法施行の前日、大日本帝国憲法に基づく最後の「勅令（天皇の命令）」として外国人登録令が公布され、即日施行されました。これによって在日朝鮮人は一律、「当分の間、外国人とみなす」とされました。アメリカ占領軍もこの措置に同意しました。

　ただし厳密にいえば、これは「外国人とみなす」というより、「非日本国民、または無国籍者とみなす」という方が正確でした。なぜなら当時、朝鮮半島はアメリカ・ソ連の軍隊が分割統治し、国家が成立していませんでした。在日朝鮮人の外国人登録の「国籍」欄には「朝鮮」と記されましたが、これは国名ではありません。なぜなら当時、朝鮮半島に国家はなかったのですから。

　いずれにせよこうして日本国憲法は、憲法で保障されたすべての民主的権利から在日朝鮮人を締め出しました。戦後日本の国民主権・民主主義は、このように在日朝鮮人を切り捨てることを前提として成立したのです。戦前に「大日本帝国臣民」として被った戦争被害——戦傷病・戦没遺族など——の援護・恩給からも、在日朝鮮人は排除されました。

　アメリカ占領軍と日本政府は、在日朝鮮人の民族運動が社会主義・共産主義につながりかねないと警戒し、1948年には民族学校の閉鎖も命じました。在日朝鮮人は日本敗戦後、多くの民族学校を作り、日本政府も一応、これを正式の学校と認めましたが、2年もたたないうちに閉鎖を命じたのです。在日朝鮮人は学校を守ろうとしましたが、アメリカ軍はこれを武力で鎮圧しました。そして全国各地で多数の民族学校が閉鎖され、在日朝鮮人の子どもたちは学ぶ場を失いました。このような在日朝鮮人の民族教育の弾圧において法的根拠とされたのは、戦後の日本国民に民主主義教育を保障した教育基本法・学校教育法でした。

　そして戦後の日本政府は、在日朝鮮人を原則として朝鮮半島に退去させようとしていました（田中 1995：70-74）。1949年の吉田茂総理大臣のマッカーサー連合軍最高司令官宛の書簡には、在日朝鮮人が日本の食糧不足を深刻化させ、日本経済の発展に貢献せず、犯罪分子・共産主義者並びにその支持者が多いという理由で、「原則としてすべての朝鮮人を本国に送還」すると記されていま

す。また1951年の国会審議でも、野党議員の質問と政府の答弁はいずれも、日本に少数民族問題を残さず、在日朝鮮人は将来的に退去させるという共通認識の上になされていました。

選択的包摂・同化強制

　さらに1952年、サンフランシスコ講和条約締結で日本が「独立」すると、日本政府は在日朝鮮人を一律「外国人」とする旨、通達しました。また在日朝鮮人を、就学義務──義務教育を保障する日本政府の義務──の対象からも排除しました。戦後民主教育の基礎とされる教育基本法は、「（日本）国民の育成（第一条）」を教育の目的とし、しかも日本国民だけに教育を受ける権利を保障しているからです。たとえ日本の植民地支配によって生み出され、また戦後、日本政府が一方的に日本国籍を剥奪した在日朝鮮人であっても、外国人になった以上、日本政府は就学義務を負わないということです。

　このような日本政府による一方的な国籍剥奪という措置は、国際的にも異例でした（田中 1993：123、1995：67-68）。ヨーロッパ諸国では多くの場合、植民地が独立する際、旧植民地出身者には国籍選択権、または制限付きの二重国籍を認めました。

　日本政府のいい分としては、在日朝鮮人が日本国籍を回復したいなら、帰化を申請すればよいということです。

　しかし、個人が国籍を選択する国籍選択とは逆に、帰化はそれを許可するかどうかを決める権限は日本政府・日本国民の側にあります。帰化を許可する基準も不明確・非公開で、政府には不許可にした理由を開示する義務もありません。つまり帰化を申請する側からいえば、どのような基準で帰化が認められるのかわからず、日本政府の意向を忖度するしかありません。

　しかも戦後の日本国憲法第一条によれば、日本国民とは天皇を象徴として統合される政治的・民族的な共同体です。帰化とは、そのような日本国民になることを日本政府に対して依願することです。そのため、その後も長らく──1985年まで──、帰化するなら日本人らしい氏名に変更することが事実上、法

的義務とされていました(田中 1995：168-170)。つまり帰化は、朝鮮系日本人ではなく、自らの本名・民族を捨て、身も心も日本民族になることを、しかも自ら日本政府に対して依願せよということです。これはまさに同化の実質的強制であり、戦後の「島国」単位の創氏改名・皇民化政策といえましょう。

敗戦後の日本国民の確定は、このような在日朝鮮人の排除(日本国籍の一律剥奪)、および同化を前提とした選択的包摂(帰化)によって、初めて可能になりました。それはまた、在日朝鮮人を一般の外国人と同一視し、植民地支配の歴史を不可視化するものでもありました。

ちなみにその後、日本政府の在日朝鮮人に対する政策にはさまざまな変化がありました。しかし、大きな枠組みは変わっていません。たとえば参政権も、1995年には日本の最高裁判所が「定住外国人に地方参政権を付与することは違憲ではない」との判決を出しましたが、今なおそれは実施されていません。国レベルの参政権については、なおさらです。

民族の統合と分裂

では、こうした日本政府の政策に対し、在日朝鮮人はどのように対応したのでしょう。

それは、①植民地支配の歴史をふまえた朝鮮・日本の民族の壁、②東西冷戦下での左派・右派のイデオロギーの壁、そして、③韓国・北朝鮮・日本という国籍の壁によって、複雑に分断されました。

まず1945年の日本国民としての参政権停止について、在日朝鮮人には当初、反対意見は少なかったようです。当時はむしろ日本国籍からの解放、「解放国民」・外国人としての処遇を求める声が多かったといわれています(水野・文 2015：108-110)。

しかし東西冷戦が激化し、1947年の総選挙が近づくと、在日朝鮮人の中で意見対立が顕在化しました。政治的右派の人々は民族主義の立場から、日本の参政権の停止を是認しました。これに対し、左派の人々は国籍を越えた参政権、すなわち外国人にも政治参加の権利を認めるべきだと主張しました。

さらに1948年、朝鮮半島で2つの国家——韓国・北朝鮮——が、それぞれアメリカ・ソ連の後押しを受けて成立しました。しかも1950年には、両国間で朝鮮戦争が勃発し、アメリカ（国連軍）と中国がこれに参戦しました。この戦争で、日本はアメリカ軍の出撃基地となり、また戦争特需で経済復興・経済発展のきっかけをつかみました（本書139頁を参照）。

　そこで在日朝鮮人の中では、一方で「民族解放＝民族統一＝平和の実現」が不可分の政治課題になりました。アメリカやソ連・中国の冷戦戦略とは別に、民族解放・民族統一の実現こそが、戦争の中止、平和の実現にとって重要な課題になったのです。そこで左派・右派のイデオロギーの違いを越え、朝鮮人としての民族意識が強まっていきました。また日本社会では前述のように、在日朝鮮人への民族差別が続いていました。これへの反発もまた、在日朝鮮人の朝鮮人としての民族意識を助長させました。

　同時に他方で、政治的イデオロギーによる分断・対立も深まりました。朝鮮半島の2つの分断国家はどちらも、在日朝鮮人を自国民と主張し、囲い込もうとしました。そうした中で日本政府は、アメリカの同盟国である韓国だけを国家として承認することを想定し、在日朝鮮人が韓国籍を希望すれば、これを認める措置をとりました。北朝鮮国籍の取得は認めませんでした。

　こうして在日朝鮮人は、大きく4つに分裂していきました。

　第1は、本人の希望で韓国籍を選択した在日韓国人です。

　第2は、日本政府は承認しませんが、自らは北朝鮮を支持し、日本の外国人登録では「朝鮮籍」という記載を維持した人々です。当時、韓国より北朝鮮の方が経済的に安定し、韓国は軍事独裁政権で政治的自由も厳しく制限されていました。逆に北朝鮮のリアルな情報は、アメリカの事実上の従属国だった日本には、あまり伝わりませんでした。そこで韓国と北朝鮮を比較して、どちらが暮らしやすい国であるか、またどちらが正当性のある国なのかについては、在日朝鮮人の中でも多様な意見がありました。

　そして第3は、北朝鮮を支持するわけではなく、朝鮮半島・民族の統一をこそ望み、それが実現するまであえて国籍選択を保留するという決断をした人も

少なくありません。これもまた日本政府が決めた制度でいえば、「朝鮮籍」のままということになります。「朝鮮籍」は、北朝鮮国籍ではありません。

　最後に第4として、日本社会での生活を重視し、日本に帰化した人々もいます。この人たちの国籍は日本です。当初は前述のように、帰化の際には日本人らしい氏名に変えなければならないとされていました。1985年、国籍法・戸籍法が改正され、その後は朝鮮人としての本名のまま、日本国籍に帰化する人も出てきました。

　以上のように、戦後の在日朝鮮人は、日本政府・日本国民による排除、東西冷戦による朝鮮半島の分断といった複雑で過酷な政治状況、そしてそれらに対する主体的な抵抗・選択の中で、日本国民とも、また朝鮮半島に暮らす韓国・北朝鮮の国民とも違う独特の、しかも多様なアイデンティティ・主体性を作り上げていきました。

　そしてまた、こうした在日朝鮮人の多様な「国民／民族」化とその分断があって初めて、その排除（日本国籍の剥奪）、および選択的包摂（帰化）が可能となり、敗戦後の「日本国／日本国民」も確定し得たのです。

第4章　敗戦と日本国憲法にみる「日本国／日本国民」の再構築

《関連年表》

1897	九州炭鉱に朝鮮人労働者導入。
1908	鉄道・発電所建設に朝鮮人労働者導入。
1910	韓国併合。土地調査事業開始、自作農の離農、渡日始まる。
1911	第一次朝鮮教育令、国語を日本語に。土地収容令。
1914	第一次世界大戦。戦争景気で朝鮮人移入要求高まる。
1919	二・八独立宣言。三・一独立運動。
1925	朝鮮神社創建。
1937	朝鮮総督府、「皇国臣民の誓詞」制定。
1939	「朝鮮人労働者内地移住に関する件」通達（会社募集による朝鮮人労働者集団動員開始）。
1940	創氏改名。
1942	「朝鮮人労務者活用に関する方策」閣議決定（官斡旋による朝鮮人労働者動員開始）。
1944	徴用による朝鮮人労働者動員開始。
1945	日本敗戦。朝鮮解放。東京に「国語講習会」（民族学校の前身）創立。在日朝鮮人連盟結成。改正衆議院議員選挙法付則を根拠に在日朝鮮人の参政権停止。アメリカ極東軍司令部、朝鮮における軍政宣言（即時独立否認）。
1946	在日朝鮮居留民団結成。日本国憲法公布。
1947	日本国憲法施行。教育基本法・学校教育法公布。外国人登録令、即日施行。
1948	文部省、民族学校閉鎖命令。済州島四・三事件、島民に対する弾圧始まる。阪神教育闘争。韓国（大韓民国）・北朝鮮（朝鮮民主主義人民共和国）成立。
1949	GHQ、朝鮮人連盟などに解散命令。民族学校弾圧、第2次閉鎖令。
1950	朝鮮戦争勃発。
1952	サンフランシスコ講和会議で平和条約調印。日本政府、在日朝鮮人の日本国籍剥奪。外国人登録法公布。

> **コラム11**　ポスト・コロニアルの世界とパクス・アメリカーナ

　20世紀半ば、民族解放闘争があいついで勝利し、世界はポスト・コロニアル——植民地の後——の時代に移行しました。帝国主義の世界システムが崩壊したのです。

　民族解放闘争には、大きく3つの特徴がありました。

　第1は、その担い手が「民衆（people）」であり、「国民／民族（nation）」ではなかったことです。独立前の植民地に、「国家／国民」は存在しません。また植民地の民衆が、単一の民族で構成されることもほとんどありませんでした。それぞれの地域の民族解放闘争には、宗主国の国民や外国人も含め、帝国主義に反対する多様な国籍・民族の民衆が参加していました。

　そこで第2に、民族解放闘争は、「単一民族国家」の樹立を目指すものでもありませんでした。むしろ自らを支配・収奪する帝国主義（国）に反対・抵抗する、広義の階級闘争でした。植民地支配は「けっして単なる民族問題ではなく……、生存問題」（マルクス 1966：550）であり、民族自決とは「さまざまな民族の……中に完全な階級的連帯をそだてあげること」（レーニン 1957：231）でした。

　そして第3に、民族解放闘争は軍事力だけの闘いではありませんでした。軍事力だけなら、帝国主義国の方が圧倒的に優勢だったでしょう。それにもかかわらず民族解放闘争が勝利したのは、生産活動のサボタージュ（怠業）・逃散・自主管理、デモ・集会など、非暴力・不服従の日常的な"生活・労働・社会戦"を繰り広げたからです。これが、植民地における帝国主義国の剰余価値生産と搾取を機能不全に追い込みました。いわば帝国主義国にとって、植民地を"失効財産"にしたのです。

　こうして、植民地支配という矛盾は克服されました。

　しかし帝国主義の世界システムは、2つの"抵抗"をしました。

　1つは、主権国家システムの維持です。旧植民地の独立後の統治形態を主権国家に限定し、しかもその主権を「国民・民族（nation）」と結びつけました。主

権国家は内政不干渉の特権をもち、国民主権は当該国の国籍をもたない人々——非国民——を主権から排除します。民衆は、国境を越えて移動し、自らの生活圏としての社会を自由に創造する権利を制限されました。新たに独立した旧植民地諸国の国内でも、主権をめぐる民族・地域紛争が頻発しました。

　もう1つは資本主義、すなわち中核が周辺から剰余価値を搾取・収奪する世界システムの維持です。ただしその手法は、地球に境界線をひいて領土分割する帝国主義から、グローバルな市場で多国籍企業が資本蓄積の主役となる国境なき「帝国」のそれへと移行しました。

　総じてポスト・コロニアルの世界でも、主権国家・資本主義の世界システムは延命しました。またそこでの覇権は、戦災で疲弊したイギリスから、戦災を免れたアメリカへと大西洋を越えて移動しました。

　アメリカは植民地の上に建国したため、西欧諸国のような植民地独立というダメージを免れました。国内に先住民から収奪した莫大な資源、および、奴隷解放後も差別的待遇で活用した膨大な黒人の低賃金労働力を擁し、さらに世界中から安価な移民労働力を受け入れ、戦災で壊滅した世界各国に自国の巨大資本を投下することができました。こうしてアメリカは、産業・政治・軍事のすべてにわたって圧倒的な覇権を握り、パクス・アメリカーナと呼ばれる世界秩序を作り上げました。

> **コラム12** 2つの「開発独裁」と社会主義

　20世紀半ば、帝国主義諸国による植民地支配が崩壊しました。

　しかし主権国家、および、資本主義という世界システムは維持されました。

　そこで、新たに独立を果たした周辺諸国が経済発展を遂げ、国民生活水準を向上させるには、主に2つの選択肢しかありませんでした。

　第1は、アメリカをはじめとする中核諸国の多国籍企業を誘致し、「世界の工場」になることです。すなわち自国民を低賃金労働力として提供し、自国内で安価な製品を大量生産し、輸出主導で経済成長を図ります。その際、他の周辺諸国との多国籍企業の誘致競争に打ち勝つには、政府が政策的に生産基盤・インフラを整備し、国内農村人口を都市に流動化させて低賃金労働力を確保し、公害・環境規制を緩やかにとどめなければなりません。したがって経済成長に成功した場合、代償として、低賃金、都市と農村の格差、公害などの環境破壊、そして企業誘致・産業基盤整備の利権にかかわる汚職・政治腐敗が蔓延します。さらに、こうした社会問題に異議を申し立てる民衆の社会運動を弾圧しなければならず、非民主的な「独裁政権（開発独裁）」が成立します。

　一方、多国籍企業の誘致に失敗した周辺諸国では、絶対的貧困・飢餓、政治的動乱——内戦・民族紛争——が頻発しました。また膨大な国民が、難民・出稼ぎ労働者として流出しました。

　さて第2の選択肢は、独自の閉鎖的な政治・経済圏の構築です。中核諸国の多国籍企業の国内への侵入を防ぎ、国家が市場を管理・統制する、いわゆる「社会主義」です。こうした「社会主義」諸国とアメリカを盟主とする中核諸国との対立は、「東西冷戦」と呼ばれました（本書126～127頁を参照）。

　このような「社会主義」もまた、周辺諸国が資本蓄積を図る成長戦略の1つであり、資本主義世界システムの一構成要素です。そこで「社会主義」諸国では「もう1つの開発独裁」、すなわち国家が資本蓄積の主体となる「国家資本主義」が創出されました。国家主導の強行的工業化、軍事大国化、原子力への安易な依存、自然環境破壊、そしてそれらを円滑に進めるための官僚制強化と民主主義の

抑圧（共産党独裁）などです。

「社会主義」陣営の覇権国家は、ソ連でした。一部の「社会主義」国は、ソ連の覇権からも離脱し、一国単位の発展を模索しました。しかし、1980年代末には「社会主義」の試みは破綻しました。東西冷戦の終焉です（本書182頁を参照）。

さて、一般には「社会主義（共産主義）」は、資本主義を批判・克服する理論・実践といわれます。しかし、実際の東西冷戦時代の「社会主義」諸国は前述のように、資本主義世界システムの一構成要素にすぎませんでした。すなわち東西冷戦とは、資本主義とこれを批判・克服する社会主義の対立というより、資本主義世界システムにおける２つの覇権国家——アメリカとソ連——の対立と妥協の政治体制だったといえましょう。

その背景には、「社会主義（共産主義）」自体の歴史的な変質がありました。

すなわち1917年、ウラジミール・レーニンの指導の下、ロシアで世界初の社会主義革命が起きました。それは、帝国主義世界システムに反対する世界革命の一環として行われました。また経済的には、市場経済が重視されました。資本主義・帝国主義の経済基盤は独占と搾取——不等価交換——であり、これを批判・克服する社会主義の基盤は自由競争と等価交換の市場経済と考えられていたからです（浅野 1993：161-163、172-175）。

しかし、革命後のソ連に対する帝国主義諸国による侵略・干渉——シベリア出兵など——、および、レーニン死去後のヨシフ・スターリンの指導の下、ソ連は「一国社会主義」路線に大きく変質しました。「社会主義」国が愛国主義・祖国防衛を唱え、ソ連は他国への覇権主義的介入を強化しました。また市場を資本主義の基盤とみなし、これを国家が統制する計画経済を「社会主義」と称しました。「一国社会主義」論に反対する勢力には大量虐殺を含む弾圧を加え、「もう１つの開発独裁（共産党独裁）」を確立したのです。

— 第5章 —

ポスト戦後の
「日本国／日本国民」

Yellow Sea

1　高度経済成長時代の「日本国／日本国民」

　1956年の『経済白書』（経済企画庁）は、「もはや戦後ではない」と宣言しました。

　1955～1973年、高度経済成長を遂げた「日本国／日本国民」について見ていきます。この約20年間、日本の工業生産は年率10％を上回る持続的成長を遂げ、日本は国民総生産（GNP）でアメリカに次ぐ資本主義世界第2位の経済大国になりました。

国際的基盤

　さて、日本の高度経済成長は、アメリカが作った国際基盤の上で初めて実現しました。

　第二次世界大戦終結後、東西冷戦の激化に伴い、アメリカは対日占領政策を大きく転換しました（本書138～139頁を参照）。当初は日本を平和主義を遵守する経済小国にしようとしていましたが、1947年頃には「反共産主義の防壁、極東の工場」、すなわち日本に再軍備させ、強力な独占資本主義国・経済大国にする方針へと転換したのです。

　これをふまえ、アメリカが日本に対して実施した諸政策の中で、大きな意味をもった政策の1つが「1ドル＝360円」の固定レートです。

　これは高度経済成長の前半（1955～1965年）には、実際より円高レートでした。当時は日本の産業基盤は弱く、実際の円の価値はずっと安かったのです。これをアメリカが1ドル＝360円と円高に固定したため、日本は鉄鉱石・石油などの原燃料を格安で輸入することができました。しかもアメリカは日本に、保護貿易による国内産業育成も容認し、日本では「投資が投資を呼ぶ」といわれる空前の好景気・経済成長が起きました。

　高度経済成長の後半（1966～1973年）になると、すでに日本は強力な産業基盤を形成し、1ドル＝360円は実際より円安レートになっていました。そこで

日本国内で生産した製品は、強い国際競争力をもち、日本は輸出主導で飛躍的な経済成長を遂げました。しかも当時、アメリカはベトナム戦争に本格的に参戦し、膨大な戦争特需が発生していました。またアメリカは、東南アジアの反共産主義政権に経済援助として大量のドルを散布し、ここでも巨大な市場が形成されました。

このようにアメリカの冷戦戦略の下、日本が経済大国・「極東の工場」になる以上、日本はいうまでもなく「反共産主義の防壁」としての軍事的役割も強く求められます。

1960年の日米安保条約改定により、アメリカの極東戦略に沿って在日アメリカ軍基地がいっそう強化され、日本にアメリカの同盟国としての軍事的役割・相互防衛義務が課されました。アメリカ軍と日本の自衛隊の共同作戦、日本の軍備増強も義務づけられました。もちろん宣戦布告・中枢指揮権は事実上、アメリカが握ります。ベトナム戦争でも、日本はアメリカ軍による爆撃の出撃・前線・中継基地となりました。

国内的基盤

日本の高度経済成長の国内基盤は、どのようなものだったのでしょう。

まず第1は、政府の強力な産業政策です。日本政府は、国民所得倍増計画・全国総合開発計画・新全国総合開発計画などの諸政策に基づき、「太平洋ベルト地帯」に工場用地・交通網——港湾・新幹線・高速道路——などの産業基盤を整備しました。日本政府の産業政策は「日本株式会社／計画経済」と揶揄されるほど、周到かつ大規模でした。また政府は、大企業・独占資本の法人税も減免しました。

第2に、政府は労働力流動化政策で、膨大な農村人口を都市に移動させました。特に中学・高校を卒業したばかりの若者を「集団就職」という形で、都市に集めました。日本の主な産業・日本人の主な職業は、農業・農民から工業・労働者へと一変しました。

第3に、労働者の低賃金もまた、高度経済成長の重要な基盤でした。高度経

済成長期、日本の労働者の実質賃金は一貫して上昇しました。しかし労働分配率、つまり資本の利潤に比べ、労働者の賃金の伸び率は低く抑えられました。日本はこの低賃金を基礎として急速に資本を蓄積し、また低価格の製品を作り、輸出主導で「世界の工場」になりました。

　そして第4に、日本の巨大企業は、銀行を中心に6大企業グループ——三菱・三井・住友・第一・富士・三和——を組織し、株式の相互もち合い——法人資本主義化——を進めました。また各企業グループは、多くの中小零細企業を下請として系列化し、排他的かつ長期的に持続する企業連関を築きました。これらにより、1967年以降、段階的に進められた資本の自由化の下でも、外国資本の参入・外資による企業買収を阻止しました（武田 2008：132-149）。また「法人資本主義」のため、利潤が個人投資家や財閥家族に配当として流出せず、企業内で技術革新・設備投資などにあてられ、生産性のいっそうの向上をもたらしました。

国民生活にみる恩恵と矛盾

　さて、高度経済成長の最大の恩恵は、国民生活が経済的に豊かになったことです。

　まず第1に、労働分配率は低く抑えられつつも、実質賃金は上昇しました。これは「消費革命」ともいわれるライフ・スタイルの変化をもたらし、「三種の神器（テレビ・電気洗濯機・電気冷蔵庫）」や「3C（自動車・カラーテレビ・クーラー）」を普及させました。労働組合は毎年、個別企業の枠を越えて一斉に団体交渉——国民春闘——を行い、賃金引き上げを獲得しました。

　第2に、「国民皆保険」「国民年金」など社会保障もある程度ですが、整備されました。

　第3に、義務教育の就学率がほぼ100％に近づき、高校・大学などへの進学率も上昇しました。

　なお日本国民の主な勤務先も外国資本ではなく、日本資本の企業です。しかも「法人資本主義」のため、個人資本家や財閥家族といった特権階級もあまり

存在しません。こうした一国単位の生活水準の向上・階級格差の小ささ——一億総中流化——は、日本人に「国民」としての一体感を育みました。

ただしその一方、高度経済成長は、さまざまな矛盾も生み出しました。

まず第1に、日本は「経済大国・生活小国」になりました。日本の労働分配率は前述のように低水準でした。そこで高度経済成長期の日本は、国民総生産では資本主義世界で6位から2位に上昇しましたが、個人消費は逆に5位から6位に順位を下げ、国民1人当たり所得も20位前後で低迷しました。また日本政府の政策はあくまで産業基盤整備が優先で、生活基盤・福祉・社会保障は後まわしです。日本はいくら経済大国になっても、北西欧諸国のような福祉国家にはなりませんでした。

第2の問題は、農業・農村の破壊です。農業・農村は、工業・都市への労働力供給源として改編されました。農業は稲作に特化され、できるだけ少ない人手でできるように機械化されました。そこで多くの農民は兼業化し、労働者になりました。機械化の経営費に耐えられない小規模な農家は、離農して都市に流出しました。特に若者の農業離れは著しく、農業従事者の高齢化が進みました。そして日本は、いわゆる「先進」諸国ではほぼ唯一の食糧輸入大国になりました。食糧の輸入元は主にアメリカです。日本は食糧確保の面でも、アメリカへの従属を深めました。

第3に、労働力流動化政策によって、過疎・過密問題も深刻化しました。農村は過疎化し、逆に都市では過密問題——ラッシュアワー、交通渋滞、住宅費高騰、ゴミ処理問題など——が深刻化しました。工業の集積地では深刻な公害が多発し、多くの人々が命・健康を奪われました。

そして第4に、6大企業グループの巨大企業、および、その下請として系列化された中小零細企業の間では、賃金・労働条件に明らかな格差——「二重構造」——が固定化しました。

高度経済成長期の「日本民族」

では、こうした日本の高度経済成長の特徴を、「日本民族」という観点から

考えてみましょう。

　まず高度経済成長は、「島国」単位の「単一民族神話」を作り上げました。

　政府主導による経済成長・生活水準の向上に対する国民の肯定的評価は、一国単位の経済至上主義という非政治的なナショナリズムを醸成しました。

　またほとんどの国民の就労先企業は外国資本ではなく、日本のいわば「民族資本」です。労働組合による「国民春闘」も一国単位の高度経済成長を前提とし、その利益の「国民（労働者）」への配分・賃上げを求める運動でした。国家・政府主導の教育に抵抗し、日本国憲法・教育基本法に基づく「国民教育」運動も展開されました。いずれも「島国」単位の「国民」であることを自明の前提とした社会運動です。

　そして何より、日本の高度経済成長の大きな特徴は、労働力流動化政策によって農村から都市に労働力が集められ、いわば「島国」内部の純粋培養型の労働市場が作られたことにあります。1950～1970年代、同じく高度経済成長を遂げた欧米諸国は、大量の外国人・移民労働者を受け入れ、低賃金労働力を確保しました。当時、国内だけで労働力を確保し、「経済大国」になった国は日本だけでした。これが、戦後の日本社会が欧米のように多民族・多国籍化しなかった最大の要因であり、「島国」単位の「単一民族神話」を形成した直接の契機といえましょう（本書12～16頁を参照）。

　そこで高度経済成長期の日本人は、民族問題に無関心になりました。戦後の日本にも実際には、アイヌ・在日朝鮮人・在日中国人といった少数民族・外国籍者がいました。しかし、多くの日本人にとって、それらは「一部の例外にすぎず、気にする必要はない」「いるけれど、いないのと同じ」存在とみなされたのです。

　日本政府は、外国籍者──在日朝鮮人・在日中国人など──を、参政権を含むあらゆる社会的権利から排除し続けました。公的社会保障、公務員・教員としての就職、国民年金などからも排除しました。アイヌを含め、少数民族の固有の権利・民族文化も無視し、民族教育に公的支援もしませんでした。アイヌの言語・民族文化は、ほとんど抹消されました。在日朝鮮人・在日中国人は自

力で民族学校を作りましたが、日本政府はこれを学校教育法上の学校と認めませんでした。

外国籍の人々は、就職・進学・結婚・居住などで日常的に差別され、自らの国籍を隠し、「通名（日本的な氏名）」を使って生きることを余儀なくされた場合もあります。

ひとりひとりの日本国民もまた、国籍・民族に基づく差別に無関心になりました。それこそが「単一民族神話」を機能させる最大の心理的基盤といえましょう。「日本には少数民族がほとんどいないから、日本に民族差別はない」「民族に無関心な自分が、民族差別をするはずがない」といった発想です。

そこで、「通名」を使って外国籍であることを隠してきた在日外国人が、身近な日本人に「実は自分は外国籍で、通名とは別に本名がある」と告白した時、多くの日本人が取りがちな態度は、「民族なんて関係ないから気にするな」「日本人と同じだ」「民族にこだわる方がおかしい」「普通につきあう」「だからどうした？」といったものになりました。これは、「自分は差別する意思はない」という「良心的」応答ではあります。しかし、「なぜ相手が、今までずっと隠さなければならなかったのか？（なぜ告白するのに勇気が必要だったのか？）」「民族が「関係ない」のではなく、その人の人生にとって民族がおおいに関係ある問題だ」「「日本人ではない」と告白している相手に、「日本人と同じだ」といい張らなければ寄り添えない社会とは、いったい何なのか」といったことまで想像が至らないのです。総じて「民族にこだわらざるをえない日本社会の構造が現実にある」と実感している人々の葛藤を共有し、それを当事者の意識の問題ではなく、日本社会の構造の問題と捉える認知枠を、高度経済成長期の日本国民は喪失してきたといえましょう。

高度経済成長期の「日本国／日本国民」

そして「単一民族神話」は、ただ単に少数民族・外国籍者への差別・排除を生み出しただけではありません。

まず、「みんな同じ日本人」ということで、大量生産に適合的な同質的な国

内市場・生活様式を作り出しました。またそれは、一種の「平等性」に基づく競争主義の土壌でもあります。「世間並」を求める横並び的な生活水準向上・学校進学などに向けた競争が広がりました。

さらにそれは、「みんな同じ日本人。あとは能力・努力の競争」といった能力主義にもつながります。欧米のような多民族社会では、階級・階層格差がしばしば露骨な人種・民族格差として現れます。これに対して日本の場合、「みんな同じ日本人」で言語・文化が単一ですから、成績・進学・就職・昇進などを通した各階級・階層への選別が、まるで個人の能力と努力に基づくフェアな競争の結果であるかのように見えてきます。もちろん実際は、出身家庭の経済状況・性差などの生得的属性によって、有利・不利の差は厳然として存在します。しかし多民族社会に比べれば、「単一民族神話」によって生得的属性による差別が見えにくくなってしまうのです。こうして高度経済成長期の日本では、学歴や階級の格差が、まるで自己責任・能力主義競争の結果であるかのようにみなされ、正当化されました。

一方で「みんな同じ」という同調圧力、他方で競争主義・能力主義。一見矛盾するこの表裏一体の原理は、高度経済成長時代の日本社会を根底から規定していました。

その第1が、日本型企業社会、つまり終身雇用・年功序列です。終身雇用とは、学校を卒業した直後に一斉に就職し、特に問題がなければ定年退職までずっと同じ企業に勤め続ける制度です。年功序列は、終身雇用を前提として、企業への勤続年数に応じて賃金・職階があがっていく慣行です。移民・外国人労働者が多く、途中採用・転職が当然の社会では、終身雇用・年功序列は成り立ちません。毎年、同時期に学校を卒業し、一斉に新卒採用される「単一民族神話」があるからこそ、日本型企業社会も成り立ちます。

また高度経済成長期、日本の労働者の圧倒的多数は国内農村の出身者で、都市に来た後も民族的な異文化接触をほとんど経験しませんでした。欧米の都市は"人種と文化のるつぼ"といわれますが、日本の都市は、そうではありませんでした。そこで日本の労働者の中には、戦前以来の農村・農民の「勤勉と忍

耐／和の精神」が根強く維持されました。昔はイエ・ムラ単位、高度経済成長期は企業・職場単位での「和の精神」です。

　このような日本型企業社会では、「企業の業績の向上」と「社員の幸福」が同一視されがちになります。労働者の勤務先企業への帰属意識・忠誠心も強くなります。いいかえれば、労働者としての階級意識は弱くなります。特権階級としての財閥も存在せず、大企業の経営者も多くの場合、その企業に長年、貢

《関連年表》

1955	日本、GATTに加盟。経済自立五カ年計画。「春闘」開始。
1956	日本、国際連合に加盟。投資ブーム、神武景気。水俣病公害問題化。
1957	アメリカ国防総省、日本に誘導兵器供与発表・日米新時代共同声明。
1958	最低賃金法。この頃、家庭の電化が進む。
1959	「岩戸景気」。国民年金法成立。安保条約改定阻止国民会議成立。
1960	日米新安保条約・日米行政協定調印。安保改定阻止運動。
	カラーテレビ放送開始。国民所得倍増政策発表。
	貿易為替自由化基本方針決定。
1961	農業基本法成立。
1962	都市にスモッグ発生。全国総合開発計画決定。
1963	新産業都市・工業整備特別地区決定。
1964	東海道新幹線全線開通。アメリカ原潜、佐世保に寄港、反対デモ。
	東京オリンピック開催。日本、経済開発協力機構（OECD）加盟。
	アメリカ、ベトナム戦争本格介入。
1965	中央教育審議会答申（期待される人間像）。
	アメリカ、北ベトナム爆撃開始。
1966	基地基本法成立。
1967	資本自由化正式実施。公害対策基本法公布。
1968	アメリカ原子力空母、佐世保入港、反対運動。
	イタイイタイ病・水俣病、公害病認定。
1969	東名高速道路全通。
	経済企画庁、GNP世界第2位と発表。「いざなぎ景気」。
	新全国総合開発計画決定。
1970	大阪万国博覧会開催。日米安保条約自動延長。
	各地で公害反対運動・消費者運動高揚。
1971	環境庁発足。金・ドル交換停止。スミソニアン協定（1ドル＝308円）。
1972	札幌冬季オリンピック開催。

献してきた「社員」から選抜されます。労働組合も企業ごとに別々に組織され、企業の業績向上・労使協調を前提として、労働者の賃金上昇・待遇改善を要求します。企業内での労使の対立、および、企業の壁を越えた労働者階級全体の利益を求める要求や運動は、あまり見られなくなります。

　こうして全社員が「勤勉と忍耐」の精神、企業共同体の「和」の精神を発揮し、企業の業績・生産性向上への貢献競争を繰り広げる日本型企業社会が構築され、これが日本の高度経済成長を支えました。

　ただしこれは同時に、「社員」としての一体性を求める同調圧力と表裏一体です。企業の業績に貢献するため、サービス残業を含む長時間労働や過労死、また会社・資本のいいなりになる「会社人間」や「企業戦士」と呼ばれる労働者文化が作り出されました。労働者としての階級的利益を主張し、労使協調に異議を申し立てる労働者は「異端社員」とみなされ、企業と労働組合の双方から露骨な弾圧・排除・ハラスメントを受けました。

　第2に、学校教育では、一方では日本型企業社会に適合的な、集団の「和」を重視し、あまり自己主張しない同調的な人間・労働者を育成するため、集団主義・管理主義の教育が行われました。生徒には厳しい校則の遵守が求められ、違反すると教師による体罰も日常的に行われました。

　他方で、日本型企業社会の終身雇用では、企業が新入社員を採用する際の基準は、学歴のみです。転職・途中採用が一般的であれば、社会に出てからの業績も評価できますが、終身雇用を前提とした新卒採用では採用時の確実な評価基準は学歴だけです。移民・外国人労働者を大量に受け入れた欧米諸国のように、国籍・人種・言語や文化の違いによって労働者を差別的に雇用することもできません。そこで高度経済成長期の日本は、典型的な学歴社会になりました。学校の成績・偏差値によって、就職先の企業規模・職種・給与水準が決まります。途中転職が少ないため、その格差は一生、逆転できません。多くの生徒・学生は「受験戦争」に挑み、競争主義教育を受け入れていきました。親も子どもの教育において、「お手伝い」より「勉強」を重視するようになりました。

　第3は、女性差別です。欧米諸国では移民・外国人労働者を大量に受け入れ、

これを非正規雇用・低賃金など劣悪な労働条件の労働部門に配置しました。日本で非正規雇用・低賃金労働部門に配置されたのは、主に女性です。終身雇用の正社員は男性のみで、女性は結婚後は退職して子育てに専念し、再び働く場合は非正規雇用（パート）という就労形態が定着しました。

　それはまた、男性は企業で長時間労働に専念し、女性が専業主婦として家庭を守るという家族構造の定着でもあります。「男は仕事、女は家庭」といった性別役割分業が広がり、専業主婦が急増しました。こうした性別分業は、決して封建的な伝統的慣習の残滓ではありません。戦後の高度経済成長期に急増・定着した新たな家族形態です。

　以上のように、高度経済成長期の日本の「単一民族神話」は、マジョリティである日本民族の中にも終身雇用と性別分業に基づく日本型企業社会を作り出し、それを支えるための管理主義教育・学歴社会、専業主婦、大企業と中小零細企業の二重構造を生み出しました。それらが戦後日本の高度経済成長を支え、同時に過労死・サービス残業、ブラック校則、受験競争、個性軽視、女性差別、過密・過疎、食糧自給率の低下、公害問題、日本人の内部での格差などの諸問題を生みだしました。日本の「単一民族神話」は、日本民族に対する巨大な"呪縛"でもあったといえましょう。

2　「国際化」する「日本国／日本国民」

　1970年代半ば、日本の高度経済成長は破綻しました。
　その後「日本国／日本国民」は、どのように変わっていったのでしょう。

アメリカの相対的地位低下と高度経済成長の破綻

　1970年半ば、世界は再び大きな転換期を迎えました。
　資本主義世界で唯一の超大国だったアメリカの地位低下が、露呈したのです。まずアメリカは、ベトナム戦争で敗北しました。小国ベトナムが、超大国アメリカに勝ったのです。中東産油国も連帯し、アメリカの意に反して原油価格を

つりあげました──「石油ショック」──。アメリカのドルを機軸とする固定為替相場も維持できなくなり、変動相場制へと移行しました──「ドル・ショック」──。

アメリカが弱体化した主な理由は、東西冷戦の下、長年にわたって膨大な軍事費を支出し、また世界中の反共産主義政権に援助資金を散布し続けてきたことです。アメリカは莫大な貿易赤字・財政赤字を抱え、国内産業も衰退の一途をたどりました。世界経済は、アメリカ発の同時不況に陥りました。

そこで、日本の高度経済成長も終焉を迎えました。ベトナム戦争の特需もなくなり、石油の輸入価格も高騰しました。「1ドル＝360円」の固定レートから一挙に円高になり、日本の輸出競争力も弱体化しました。長年にわたるアメリカのドル散布により、東南アジア諸国で生産基盤が整備され、日本が「世界の工場」の地位を保つことも不可能になりました。総じて、日本の高度経済成長を支えてきた国際的条件が崩れ去ったのです。

日本国内でもまた、高度経済成長の基盤は失われました。

その第1は、農業・農村の衰退です。高度経済成長期の日本は外国人労働者を受け入れず、国内の農村から都市に人口を流動化させ、低賃金労働力を確保してきました（本書161頁を参照）。しかし1970年代、もはや農村は過疎化し、若年層は残っていませんでした。日本の労働者には都市の出身者、つまり労働者の二代目の比率が増えてきました。そこで労働者の多くは、農村の伝統的な価値観──「勤勉と忍耐／和の精神」──より、むしろ個人的なやりがい・自己実現を重視するようになりました。企業・職場の「和」を重視し、つらい労働にも耐え忍ぶといった労働観は、希薄になっていきました。

第2に、日本国内の製造業に投資するメリットも失われました。日本列島で過疎・過密問題が激化し、都市の地価が高騰しました。公害問題も深刻化して公害反対運動が広がり、国内で新たな工場を建設するには莫大な対策費が必要になりました。物価高騰を背景に労働運動も高揚し、実質賃金が上昇しました。総じて資本家の立場からいえば、日本国内に投資しても儲からなくなったのです。

そして第3に、「男性は正社員で仕事に専念、女性は家事とパート」という

性別役割分業に、主に女性の側から不満が高まり、女性の社会進出が進みました。かつての「日本型企業社会」、すなわち男性に限った終身雇用・年功序列という制度・慣習が維持できなくなったのです。

こうして、日本の高度経済成長は終わりを告げました。

集中豪雨的輸出と多国籍企業化

では、日本は再び貧困な国に逆戻りしたのでしょうか。そうではありません。

日本はその後も、約20年間にわたって安定的に経済成長を続け、"先進主要国"の１つになりました。

そこには、次のような国際環境がありました。

まず1975年以降、アメリカは「先進主要国首脳会議（サミット）」を定例的に開催し、世界経済の運営について日本や西欧諸国と協議し始めました。そしてサミット諸国は、日本に世界同時不況脱出の牽引役を期待し、当面、ドル高・円安レートを容認しました。もちろんかつてのような「１ドル＝360円」というわけにはいきません。それでも実勢より円安にすることで、日本製品の輸出競争力は維持・強化されました。

そこで日本企業は、欧米市場に向けて「集中豪雨」的ともいわれる輸出を拡大しました。日本は貿易黒字を拡大し、そこで得た利潤で省エネ・生産性向上のための技術開発を進め、高品質・高付加価値の工業製品の生産に成功しました。日本の工業製品が「安かろう、悪かろう」ではなく、高品質であり、日本が技術水準の高い国と世界的に認知されるようになったのは、この頃からです。

しかし、このような経済成長は、やはり持続不可能です。なぜならこれは、前述のようにサミット諸国による円安レートの容認を前提に、初めて成立していたからです。日本が輸出で膨大な利益をあげると、欧米諸国では逆に対日貿易赤字が膨らみ、国内産業が衰退し、失業者も増加しました。特にアメリカでは日本への不満が高まり、「日米経済戦争／日本バッシング（日本叩き）」ともいわれる経済制裁が広がりました。

そこで1985年、サミット諸国は、ついにドル安・円高への是正に協調介入し

ました——「プラザ合意」——。これによって、日本からの輸出は困難になりました。

　しかし円高は、いうまでもなく円の価値の上昇です。そこで日本企業は、海外の企業を次々に買収しました。また国内外の不動産、国債・株式への投資も拡大しました。日本はアメリカをもしのぎ、世界第１位の海外純資産国になりました。土地・株式に莫大な資金が流れ込み、その価格・金利も高騰します。「バブル経済」の到来です。日本企業は本業の生産活動より、金融投資に奔走することで、巨額の利益をあげました。こうした日本企業の経営は"JAPAN AS NO.1"ともてはやされました。日本企業の高い技術・強力な競争力を取り込むため、欧米資本による対日投資も増加しました。サミット諸国の資本は相互に矛盾・対立を孕みつつ、国家の枠を超えて融合・一体化していきました。

　円高の下、日本企業はアジア諸国にも進出し、海外現地生産を拡大しました。日本企業も欧米のそれと同様、本格的に多国籍企業化に踏み出したのです。日本政府も、莫大な「政府開発援助（ODA）」でアジア諸国のインフラ——電気、水道、道路、空港、港湾など——を整備し、日本企業の海外進出をバックアップしました。

　日本企業の進出先は当初、「NIEs（新興工業経済地域）」——韓国・台湾・香港・シンガポールなど——でしたが、そこでの賃金水準が上昇すると、ASEAN諸国——マレーシア・インドネシア・タイなど——、さらに改革開放政策で外国資本を積極的に受け入れ始めた中国へとシフトしていきました。

　なお、こうした企業の海外進出に伴い、日本国内では公害問題が緩和されました。公害を排出する生産部門の多くが、海外に移転されたからです。アジア諸国では公害が深刻化しましたが、これは日本・欧米の多国籍企業が進出して公害を垂れ流したからにほかなりません。日本国内では「公害」という言葉があまり使われなくなり、これに代わってグローバルな「環境」問題が注目されるようになりました。

　総じて日本は、高度経済成長期に見られた、国内の低賃金労働によって安価な製品を大量生産し、海外に輸出する「世界の工場」方式を完全に脱却しまし

た。一方で、企業の海外進出を進め、安価な製品は海外現地生産して日本に「逆輸入」しました。同時に国内では、高い技術を生かした高付加価値の製品を多品種少量生産し、大量に輸出しました。まさに「国際化」と輸出力を統合した"先進主要国"にふさわしい資本蓄積の様式です。

そして日本は、円高を背景として、アメリカの軍事的役割も「肩代わり」していきました。財政赤字に悩むアメリカは、日本に軍事費の負担を強く要求しました。日本の自衛隊は、もはや日本の国土を守る専守防衛、また極東域内にも限定せず、「全地球的パートナーシップ」「国際貢献」「日米運命共同体」などの名の下、東南アジア・中東・アフリカなどに派遣されました。

外国人労働者の流入、日本の多民族化

さて、円高の下、外国人労働者の日本での就労、いいかえれば日本企業の国内での外国人労働者の雇用も急増しました。

ただし日本の政府・財界は、建前上・法律上は外国人の単純労働を引き続き禁止し、移民としての定住も厳しく制限しました。その意味で、「単一民族神話」の維持に固執したのです。そこで、日本における外国人労働者の流入・雇用には、独特のルートができました。

まず第1は、観光・興業などの短期滞在資格で日本に入国し、実際には超過滞在して単純労働に従事するルートです。フィリピン・韓国などの女性が、歌手・ダンサーなどの興業の資格で入国し、実際には飲食・風俗店などで働きました。日本人ブローカーが、そうした女性をスカウトして日本に送り込みました。またバングラディシュ・パキスタン・イランなどの男性が観光の資格で入国し、建設業・製造業などで働きました。こうした労働者の多くは、不法滞在と不法就労の二重の違法状態の下、無権利状態におかれ、中間搾取・強制労働・売春強要などの人権侵害も多発しました。超過滞在中に日本で生まれた子どもたちの無国籍問題も発生しました。

第2は、技術研修・技能実習の名目で、実際には就労させるルートです。これらは、技術移転の国際貢献を名目とする制度ですが、実際には多くが低賃金

労働力としての雇用でした。当初は労働関係の法律も適用されず、最低賃金以下の低賃金で時間制限なしの長時間労働がなされました。現在に至るまで、転職の自由もなく、受け入れ先企業による人権侵害も多発し、失踪・逃亡して行方不明・超過滞在になるケースが頻発しています。

　第3は、留学・就学などの在留資格で入国し、アルバイトで働くルートです。日本政府は1983年、「留学生10万人（受入）計画」を発表しましたが、奨学金はほとんど整備せず、一定時間——週20～28時間——のアルバイトを許可することで、留学生・就学生を増やしました。もちろんほとんどの留学生・就学生は出稼ぎではなく、勉学を目的として来日しました。しかし円高のため、実際には制限時間を上回る「不法就労」をしなければ留学・就学は続けられません。そのことは、当時の日本社会では「公然の秘密／周知の事実」でした。

　そして第4は、日本人の血統をもつ「日系人」に限った受け入れです。日本政府は1990年に出入国管理法を改正し、日本人海外移民とその子孫の「里帰り」の便宜を図るという名目で、日本での就労を許可しました。「里帰り」が実質的な出稼ぎであることもまた、「公然の秘密／周知の事実」でした。最も多かったのは、ブラジル・ペルーなど南アメリカの日系人の出稼ぎです。

　総じて日本政府は、外国人労働者・定住移民を正規の制度で受け入れるのではなく、法の網をかいくぐるさまざまな「抜け道」、または「抜け道」の存在を「公然の秘密／周知の事実」とする法制度を作ることで、外国人の低賃金労働力を調達・確保してきました。それは、「単一民族神話」を維持すると同時に、何よりも外国人労働力を低賃金で活用する有効な手法でもありました。外国人を正規の労働者として受け入れると、労働関係の諸法——最低賃金・労働時間制限・雇用保険など——を適用しなければならないからです。

在日外国人の多様化と処遇

　こうして1980年代後半以降の日本の諸産業——製造業・農林漁業・小売業など——において、外国人は不可欠の低賃金労働力になりました。

　そこで日本国内では、「国際化」「異文化理解」「多文化共生」といった言葉

が多用され始めました。従来から日本に定住してきた在日朝鮮人・在日中国人を含め、外国籍者に対しても年金・社会保障・公営住宅入居などの権利がようやく認められました。学校教育でも国際理解・異文化理解教育が導入され、ボランティアによる外国人支援活動も活性化しました。

　ただし、こうした「国際化」を推進した主な要因は、日本企業の海外進出——多国籍企業化——、および、日本国内での外国人労働力の活用、つまり日本企業の利潤追求にほかなりません。

　そこで外国人労働者は、実際の労働現場では低賃金の不熟練労働者として活用され、日本社会でも差別の対象とされました。つまり外国人を受け入れずに排除するといった高度経済成長期の「単一民族神話」が崩壊し、欧米諸国と同じように外国人を受け入れ、低賃金労働力として差別的に活用する「多民族社会」へと、日本社会がシフトしたのです。

　多くの日本国民は当時、貧しい外国人が、経済大国・円高の日本に「蟻のように群がってくる」といったまなざしで、この社会の変化を捉えていました。実際には技能実習生・留学生などは、出身国では貧困層ではなく、中間層です。しかし彼・彼女たちも円高の日本に来ると貧困で、低賃金労働者としての就労を余儀なくされました。また円高の日本で稼ぐことが、帰国後の彼・彼女たちの生活に有利な展望をもたらすことも事実です。しかもそこには、「技能実習の名目で入国して、実際には出稼ぎ」「法定時間を越えたアルバイト・不法就労」といった不透明さがつきまといます。少なくない日本国民の中に、外国人労働者に対する差別意識・偏見が広がりました。

　しかし、こうした日本国民のまなざしは、完全な誤解・偏見といわなければなりません。

　なぜならまず、利潤増殖・資本蓄積を目的として、外国人の低賃金労働力に「蟻のように群がった」のは日本の資本・企業の側です。実際には低賃金労働力として活用する技能実習、法定時間を超過したアルバイトをしなければ成り立たない留学、「里帰り」という名目の出稼ぎ。こうした不透明な制度を作ったのは、日本政府つまり主権者である日本国民です。外国人の不法就労は、同

じ数の日本人による不法雇用を意味します。多くの日本国民のまなざしは、こうした日本社会・日本国民の問題を、外国人に責任転嫁するものといえましょう。

偏見・責任転嫁には2つのタイプがありました。

1つは、「外国人が増えたから、日本社会の秩序が悪化した」というナショナリスティックな虚偽意識です。移民・外国人労働者を大々的に受け入れた欧米諸国に比べれば少ないとはいえ、日本社会でも一部、外国人排撃を声高に唱えるヘイト活動、極右民族主義の運動が発生しました。

もう1つは、「良い外国人と悪い外国人を同一視せず、分けて考えるべき」という個人主義の虚偽意識です。「良い外国人には人権を尊重して平等な多文化共生を、悪い外国人には厳しい制裁を」といった発想です。これは、「なぜ、悪い（とされる）人が生み出されるのか」という社会構造の問題に目をむけず、ただひたすら個々人を「良い人」と「悪い人」に選別し、目の前から「悪い人」を排除していけば良い社会になるといった浅薄で自己中心的な社会観といわざるをえません。社会構造の問題を個人の責任にすり替えているのです。

さらに日本では前述のように、外国人労働者を定住型移民ではなく、主に一時滞在型で受け入れました。このことが、日本国民の外国人労働者に対するまなざしにも一定の陰影を与えました。

定住型移民を大量に受け入れた欧米諸国では、その差別的待遇・劣悪な労働条件に対し、当事者である外国人・移民労働者自身が抵抗運動を組織しました。また受け入れ側の国民の中では、保守・右派勢力（ナショナリスト）は移民・外国人を排撃しました。逆にリベラル・左派勢力は人権重視の立場から、外国人の受け入れに寛容な姿勢をとりました。

これに対して日本では、外国人労働者の多くは一時滞在の在留資格しかもちません。そこで、差別・人権侵害に遭遇しても当事者は大規模な抵抗運動を組織できず、日本人による支援活動が中心になりました。日本人の支援者にとって、外国人労働者は「問題解決の主体」というより、「救済の対象」とみなされがちでした。また日本の保守・右派勢力は、一部では前述のように外国人を排撃しましたが、しかしそれはむしろ少数派で、多数派は低賃金労働力を求め

て外国人労働者——技能実習生など——の受け入れに積極的でした。一方、日本のリベラル・左派勢力は、外国人の人権重視の立場から技能実習などの制度を批判し、その受け入れに慎重な立場をとりました。

　ここには、ある種の"逆転現象"が見られます。特にリベラル・左派勢力が、欧米では移民・外国人の寛容な受け入れを主張したのに対し、日本では外国人の受け入れに消極的であるのは対照的です。つまり欧米のリベラル・左派勢力が、グローバルな経済格差を視野に入れた人権擁護を主張したのに対し、日本のそれは国内での人権擁護に視野を限定しがちでした。日本では保守・右派勢力だけではなく、リベラル・左派勢力にも「島国」的視野・ナショナリズムが根強く維持されていたといえましょう。

「単一民族神話」の崩壊と日本社会の変貌

　このように独特な要素を孕みつつ、それでも1980年代以降、外国人労働者の受け入れ・日本社会の「国際化」は急速に進みました。それは、日本の社会・文化に根底的な転換をもたらしました。

　まず第1は、高度経済成長期の「単一民族神話」を前提とした日本型企業社会——終身雇用・年功序列——の崩壊です。外国人だけでなく、日本人の雇用も流動化し、転職・非正規雇用——パート、契約社員、嘱託など——が増加しました。これに伴い、正規雇用に基づく経済的中間層が減少し、階級的な両極分解、貧富の差が広がりました。「一億総中流」社会の崩壊です。

　第2に、学校教育も変わりました。「和」・協調・上意下達を重視する管理主義・集団主義教育から、個性・多様性を重視する教育へとシフトしました。少品種大量生産に適合的な、既存の知識の習得を重視する"詰め込み"教育も見直され、高付加価値生産に必要な個々人の主体性・「創造性」が重視されるようになりました。アクティブ・ラーニングの導入、大学入試の多様化も進みます。個人間の学歴競争がいっそう激化し、しかも前述のように経済的格差が広がるので、親の経済階層によって子どもの学歴も大きく左右されます。私立の小・中学校への進学率の上昇も、その現れです。こうした変化に伴い、学校の

管理主義に反抗する生徒による集団的な「校内暴力」は減少し、個人単位の「不登校」が増加しました。

　第3は、性別役割の変化です。高度経済成長期は、「男性は仕事、女性は家事とパート」がスタンダードでしたが、1980年代以降、男女共同参画・ジェンダー平等が強調され始めます。増大する不熟練・非正規雇用の不安定な労働部門は女性に加え、男性、さらに大量の外国人労働者が担うことになりました。女性の母性保護も、特に非正規雇用の人には認められず、いわゆる「保護なし平等」が広がりました。こうして男女とも生活が不安定化したため、非婚化・少子化が急速に進みました。しかも日本は欧米諸国のように外国人を定住型移民として受け入れず、一時滞在型にとどめたため、少子高齢化がいっそう顕著に進みました。

　第4に、産業・地域の構造も一変しました。企業の海外進出に伴い、国内とりわけ地方の製造業が衰退しました。高度経済成長期のような政府による計画的な産業配置・公的保護もなされず、グローバルな経済活動の中枢管理機能を担う世界都市・東京への人・金・モノ・情報の一極集中が進みました。「構造改革」の名の下、公的福祉が削減され、福祉・サービスの民間産業が活性化しました。

　総じて1980年代以降の日本社会——企業・学校・家族・地域——では、高度経済成長期の「勤勉と忍耐／和の精神」に基づく同質性・集団主義が衰退し、新自由主義と呼ばれる個性・主体性・自由競争重視のそれへと変質していきました。「みんな同じ日本人」という「島国」単位の公共性・平等性が崩壊し、多様性を前提とした個々人の差別化が当然とみなされる格差・自己責任の社会へとシフトしていったのです。

　1980年代以降、日本国民の一部には、このような社会の変化への批判・抵抗運動もありました。しかしその多くは、高度経済成長期の「島国」単位の日本型企業社会や国民教育・公的福祉の維持・防衛を求めるものでした。高度経済成長時代、このような「国民」的運動は革新的とみなされていましたが、しだいにそれらは現状維持を目指す保守的・守旧的な運動とみなされていきました。

そして多くの日本国民は、こうした社会の変化を当然のこととして受け入れ、むしろポジティブに評価していました。それは、強い円の経済大国、グローバル化する"先進主要国"、"JAPAN AS NO.1"、公害のないクリーンな日本社会の到来でもあったからです。高度経済成長期の「年功序列」「管理主義教

《関連年表》

1973	ベトナム戦争終結。第1次石油危機。円為替、変動相場制に移行。資本自由化（原則100%自由化）決定。水俣病訴訟で原告勝訴。公害健康被害補償法公布。
1974	世界同時不況。戦後初のマイナス経済成長。倒産件数史上最高に。田中首相、東南アジア諸国歴訪、各地で反日デモ。
1975	アメリカ、ベトナムに敗戦。大阪空港公害訴訟で住民勝訴。初の先進主要国首脳会議（サミット）。
1976	日米防衛協力小委員会。
1977	円高、1ドル＝250円を割る。戦後最大の不況到来。文部省、「君が代」を国歌と規定。
1978	日米防衛協力のための指針決定。閣議、元号法制化。
1979	第2次石油危機。アメリカ、スリーマイル原子力発電所事故。
1980	日米首脳会議、「同盟関係」明記。日米自動車摩擦激化・対日市場開放要求強化。イラン・イラク戦争。自衛隊、環太平洋合同演習参加。
1982	行政改革・公務員賃金抑制。
1983	日米首脳会談、中曽根総理「運命共同体・日本の不沈空母化」発言。
1984	日米円ドル委員会（金融自由化明示）。国籍法・戸籍法改正（父母両系主義）。
1985	日米経済摩擦激化。防衛費GNP1％枠撤廃。プラザ合意、円相場急騰、円高倒産激増。男女雇用機会均等法成立。電電公社・日本専売公社が民営化。
1986	中曽根総理、「日本は単一民族国家」発言。貿易収支・史上最高に。円高・ドル安、都市地価高騰。企業の金融資産比率が最大に・財テクブーム。ソ連、チェルノブイリ原子力発電所事故。
1987	国鉄、分割・民営化。日本航空、民営化。円高・ドル安進む。外国人労働者問題顕在化。
1989	世界先住民会議、北海道で開催。米ソ首脳会議、冷戦終結を宣言。
1990	日米構造協議開催（貿易不均衡是正）。バブル崩壊。政府、イラク戦争・多国籍軍への資金提供。

育」「性別役割分業」「外国人の排除（単一民族神話）」と比較した時、「実力主義・自由競争」「個性・多様性の重視」「男女共同参画」「国際化・多文化共生」の社会への転換は、西欧諸国のような成熟した市民社会・自立した個人主義への道を歩んでいるともみなされました。西欧諸国においてもまた、いわゆる福祉国家の新自由主義的な解体は急速に進んでいました。

　ただし、これが何をもたらしたのか。次節で詳しく見ていきましょう。

3　「失われた30年」の「日本国／日本国民」

　1990年代から今日まで、「日本国／日本国民」はどのように変化してきたのでしょう。

「失われた30年」

　1990年代以降、日本の経済は急激に衰退し、社会も解体に向かいました。「失われた30年」です。

　景気が後退し、多くの企業が倒産しました。労働者の解雇・失業、望まざる非正規雇用も増加しました。特に若年層で非正規雇用が増加し、賃金水準も低下しました。

　日本人の世帯所得は、2010年には1987年並、つまり20年以上前の水準まで下がりました。生活保護受給者も急増しました。目前の生活苦に加え、将来の生活展望も見えない中で、自殺者・「ひきこもり」になる人も増えました。非婚化・少子高齢化が進み、日本は人口減少・縮小社会に突入しました。

　こうした経済の衰退・社会の解体は、「先進主要」国において、日本にとりわけ顕著です。1990年から2020年の国内総生産（GDP）の伸びは、日本は1.5倍にすぎませんが、アメリカは3.5倍、ドイツは2.3倍です。1人当たり国内総生産も、日本は1995年には世界第3位でしたが、2022年には23位にまで急降下しました。労働者の実質賃金、労働生産性の伸び率、家計貯蓄率でも、日本の停滞は明白です。

2000年頃から、日本の貿易赤字も慢性化してきました。かつての「輸出大国」は、見る影もありません。日本の円も、ドル・ユーロに次ぐ基軸通貨の地位を中国の元に奪われました。日本国債の信用力も落ち、今は中国と同程度の格付けです。2010年頃から、円の価値下落——円安傾向——も顕在化してきました。

　なぜ日本は、このような状況に陥ってしまったのでしょう。

　原因については諸説ありますが、それ以前の日本の経済・社会構造に問題があったことは明らかでしょう。

　1980年代の日本は前節でみたように、円高を前提として、①企業の海外進出・多国籍企業化、②国内での外国人労働力の活用、③土地・株・国債への投資で、莫大な利益を得ていました（本書172〜175頁を参照）。

　ここには、重大な落し穴があります。それは、日本の企業・資本が国内生産基盤の充実・生産性向上の地道な努力をせず、目先の短期的利潤ばかり追い求めていたことです。

　国内の生産設備・技術開発・人材育成への投資はもちろん高くつき、すぐには利潤に結び付きません。円高を背景に海外に進出し、外国人労働力を低賃金で使う方が簡単に儲かります。しかしその間に、日本の生産基盤・技術力は着実に衰えていきました。土地・株への投資も新たな価値を生まない以上、結局、実体のないマネーゲームにすぎません。1990年代にはバブルがはじけ、それらは不良債権と化しました。

　また、1980年代まで日本は、莫大な貿易黒字を確保していました。円高で食糧・エネルギーなどの輸入製品も豊富に入手できました。総じて自由貿易のメリットを満喫していたのです。規制・保護は「悪」、自由競争・市場開放・規制緩和こそが「善」とみなされる社会です。こうした新自由主義といわれる社会では、いったん輸出が不振になり、円安・不況に陥ると、国内の産業・市場・国民生活は大打撃を受け、崩壊の危機に瀕します。

　国内産業の衰退・輸出不振・円安を作り出した一因は、目先の利潤を求めた日本企業の海外進出です。日本企業が海外、特にアジア諸国に進出し、現地の

低賃金労働力を活用して安い製品を作り、大量に日本に「逆輸入」しました。これが、日本の国内産業を追い詰めたことはいうまでもありません。またそれは、アジア諸国に技術移転し、その国の資本を成長させました。日本企業は、海外に強力なライバルを自ら育成したのです。

日本国内では「産業空洞化」が急速に進み、とりわけ地方の製造業は海外との低コスト競争にさらされ、工場閉鎖・関連倒産が相次ぎました。

外国人労働者の受け入れ方も問題でした。低賃金の外国人労働力を活用したのは、日本も欧米諸国も同じです。ただし欧米諸国は定住型移民を大量に受け入れたので、自国内の産業空洞化、および少子化・労働力不足に歯止めをかけることができました。これに対し、日本は「単一民族神話」に固執し、定住を認めない一時滞在型——技能実習・留学など——に限定し、しかも比較的少なくしか外国人労働者を受け入れませんでした。それだけに企業の海外進出・国内産業の空洞化、および、少子化・労働力不足に拍車をかけました。

総じて1990年代以降の日本の「失われた30年」は、1980年代の日本の独特の「国際化」の必然的結果といえましょう。

「失われた30年」の国際環境

国際的には、アメリカと中国の「二大国時代」が到来しました。

1991年、ソ連が崩壊し、アメリカは一時的に世界唯一の超大国になりました。アメリカの大資本はグローバル化した市場で、以前にもまして多国籍企業化と移民労働力の活用に奔走し、金融・株・土地への投資で目先の利潤獲得に没頭しました。また高金利を維持し、世界中から資金を集め、好景気を満喫しました。

しかし、その矛盾は2007年、アメリカ発の世界金融危機として噴出しました。

またアメリカは、東西冷戦の終結後も自国の覇権維持のため、中東をはじめ世界各地に軍事介入を続けました。そしてこれへの反発として世界同時多発テロを招き、その鎮圧・抑止のため、さらに莫大な軍事費・治安対策費を支出し、財政赤字を膨らませていきました。膨大な不法移民の流入、および、国内の格差と貧困の拡大にも直面し、統一的な国民世論の形成が困難になり、国家の分

裂・機能不全の危機を深めてきました。

　一方、中国は、1990年代以降、「改革開放」政策をいっそう、本格的に推進しました。外国資本・多国籍企業を積極的に誘致し、グローバルな市場経済に依拠して「世界の工場」として急速な経済成長を遂げたのです。

　最も積極的に中国に企業進出した国の1つが、日本です。また日本が受け入れる外国人労働者——技能実習生・留学生など——も、中国人が圧倒的多数を占めました。1990年代の日本と中国は、双方を利用しあう"戦略的互恵関係"でした。

　しかし、こうした日中関係も徐々に矛盾を深め、2010年頃には転機を迎えます。

　2010年、日本と中国の国内総生産が逆転しました。アメリカに次ぐ世界第2位の経済大国が、日本から中国に移ったのです。その後、両国の格差は急速に拡大し、2020年代には中国は日本の4倍以上の経済大国になりました。日本のGDPはドイツにも抜かれて世界第4位に転落し、近い将来にはさらなる下降が予想されています。

　中国はなぜ、このように急速な成長を遂げたのでしょう。

　それは、中国が「世界の工場」の限界を脱し、新たな経済大国化に向けて周到な政治・経済戦略を展開してきたからです。

　2010年頃、中国ではすでに賃金水準が上昇し、輸出主導の経済成長には限界が見えてきました。安い製品を大量生産して輸出する「世界の工場」方式では、ベトナム・インドなどとの競争に勝てなくなってきたのです。また中国でも「世界の工場」が宿命的に抱える国内矛盾——都市・農村の格差、公害・環境破壊、政府の汚職・腐敗など（「コラム12」を参照）——への国民の不満が高まり、共産党による政権維持も危うくなりかねませんでした。

　そこで中国政府は、新たな成長戦略に打って出ました。

　第1は、中国の資本・企業が海外投資・多国籍企業化を進め、また国内外で外国人の低賃金労働力を活用するグローバル経済戦略です。中国は「シルクロード基金」「アジアインフラ投資銀行」「一帯一路」構想など、独自のグローバル戦略を推進し、アフロ＝ユーラシア・ダイナミズムの中核となりました。

アメリカ従属の日本とは違い、アメリカから自立した独自の世界経済戦略を展開したのです。

第2は、徹底した技術革新です。安価な製品を大量生産するだけでなく、高品質・高付加価値の製品の輸出競争力もつけました。5G高速通信網、AI、ゲノム編集、宇宙開発などの分野で、最先端技術を開発しました。

第3は、グローバル経済戦略を担保する軍事力の強化です。遠隔地での戦争に必要な空母、核兵器・サイバー兵器・宇宙兵器の開発にも積極的に取り組みました。東アジアに限っていえば、軍事的にもアメリカより中国の方がすでに優位に立っているともいわれます。周辺諸国との領土・領海争いにも、強引に立ち向かいました。

第4に、こうした国家戦略をスムーズに進めるため、国内の治安・思想統制も強化しました。公務員の汚職・腐敗を徹底的に摘発・処罰とするとともに、共産党独裁をいっそう、強化しました。学校では愛国教育を徹底し、少数民族への同化政策も推進しました。さらにAI・ビッグデータ（個人情報）を駆使し、「監視国家」体制を築きました。それは、無差別テロ・交通事故・犯罪の防止、環境保全、消費生活の利便——デジタル通貨・インターネット商圏——など、国民にとって便利で快適で安全な社会の構築でもありました（梶谷・高口2019）。

こうして中国は「世界の工場」から脱皮し、「米中、二超大国時代」を作り上げてきました。

日本と中国の関係はもはや、1990年代のような"戦略的互恵関係"ではありません。日本にとって中国は、経済的・政治的な脅威になりました。逆に中国は、日本への興味・関心を相対的に低下させました。

「失われた30年」の「日本国／日本国民」とその近未来

さて、中国が躍進を遂げてきた1990年代以降、日本の政府・資本は何をしていたのでしょう。

日本の政府・資本は、1980年代以前と同様、アメリカ従属の下での「国際

化」戦略を漫然と続け、新たな戦略をほとんど打ち出せませんでした。そして2010年以降、それすら袋小路に陥りつつあります。「失われた20年」から「失われた30年」へ、です。

　まず第1に、日本は依然として中途半端な「国際化」を続けてきました。多くの企業が引き続き海外進出し、国内では外国人労働者を雇用してきました。国内の生産設備・科学技術開発には投資せず、賃金も抑制し、ただひたすら目先の利潤を確保し、これを企業の内部留保（利益余剰金）として溜め込んできました。

　日本企業は今、賃金水準が上昇した中国から、ベトナム・インドなどに進出先を移しつつありますが、結局、同じことの繰り返しです。しかも新たな進出先では、中国資本という強力な競争相手が立ち現れます。円安の進行に伴い、日本企業の海外投資力もいっそう、衰えざるをえません。

　むしろ現在、外国資本——特に中国資本——による日本の企業・土地の買収、円安・日本の「買い叩き」が増えています。これにより、日本に残っている生産技術・人材も海外にもち去られつつあります。日本人の低賃金労働力を求め、外国資本の日本進出も進んでいます。これが日本人の賃金水準を引き上げる契機となる一方、低賃金しか出せない日本の中小零細企業をますます追い詰めています。それは、かつて円高の日本の企業がアジア諸国に進出した際に現地で発生していた事態の再現、"国内版デジャブ"です。日本は、すでに「周辺国」化しつつあるといえましょう。

　日本国内での外国人の低賃金労働力の受け入れもますます増加し、もはやそれなしには多くの国内産業のみならず、国民生活——医療・福祉・介護——も維持できません。それでもなお日本政府・資本は、定住型移民の本格的な受け入れにはふみきらず、一時滞在型の技能実習やそれを若干規制緩和した特定技能などの諸制度で糊塗しています。

　技能実習・留学・特定技能による新規入国者の国籍は、中国の比重が減少し、ベトナム・インドネシア・フィリピン・ネパール・カンボジア・ミャンマーなどの「新たな世界の工場」へとシフトしています。今後、円安がさらに進めば、

日本に来る外国人労働者は減少に転じるでしょう。日本はもはや出稼ぎ労働者の受入国ではなく、送出国になります。すでに中間層・高学歴の日本人の一部では、日本国内より、海外で進学・就職する方が魅力的な選択肢になりつつあります。

来日する外国人の多くも、もはや円高の日本に稼ぎにくる貧しい労働者ではありません。円安の日本に観光・買物に来る中間層・富裕層のインバウンドです。日本は「高い賃金が稼げる「中核国」」ではなく、「安く遊べるエキゾティックな「周辺国」」へと変質しました。

第2に、日本は、アメリカ従属の姿勢も相変わらずです。

日本は、日米安保条約・在日米軍基地によってアメリカへの従属を余儀なくされている以上、中国のような独自のグローバル戦略はとれません。また前述の「国際化」路線に固執する以上、中国に代わる新たな「世界の工場」——インド・ASEAN諸国など——との関係を、しかも中国との対抗・競争関係、つまりアメリカの覇権を前提とする「対中国包囲網」の枠内で構築するしかありません。

インド・ASEAN諸国、そしてEU諸国などは、アメリカと中国を両天秤にかけ、どちらが自国にとって有利な条件を提示するか模様眺めをしています。日本ほどアメリカ従属を徹底している国は、他に例を見ません。

こうした中で、世界政治・経済におけるアメリカの地位が相対的に低下し、またはアメリカが東アジア以外の諸地域での戦争・紛争に介入して負担が増えると当然、アメリカは日本にいっそうの軍事的・財政的な「肩代わり／国際貢献」を求めます。

すなわち一方では、東西冷戦終結後の日米安保条約再定義をふまえ、2000年以降、自衛隊は南アジア・中東・アフリカ・中南米など、ますますグローバルに派遣されました。

同時に他方で、東アジアにおけるアメリカと中国の覇権争いの激化に伴い、日本の国土内での戦争を具体的に想定した有事関連法が整備され、集団的自衛権の容認、琉球弧での自衛隊増強なども進められました。中国の「台湾」に対

する政策も、単に中国の国内問題、または米中の覇権争いの問題にとどまらず、直接にはこれと無関係な日本の平和と安全に大きく影響せざるをえません。

そしてもちろん、アメリカと日本が軍事的・経済的な「中国包囲網」を強化するほど、中国もこれに対抗し、権益確保・軍備拡張を推進します。互いに「軍事的バランスが戦争の抑止につながる」という抑止論に基づき、軍備拡張競争から降りられなくなります。偶発的な戦争勃発のリスクも高まります。一旦戦争が起きてしまえば、たとえどんな最先端の防御兵器を配備しても、完全な防御は不可能です。

さらに今後、日本経済がますます衰退し、人口・税収が減り、円安が加速すれば、日本の軍備増強は、国民生活をますます圧迫します。少子高齢化が進む中でも、福祉・生活維持の政府予算は大幅削減するしかありません。

日本はすでに世界最大の赤字国債発行国です。この上にさらなる軍事費を国債などで上積みすると、少子化対策・高齢者福祉・科学技術の立て直しの政府予算の捻出はいっそう困難になるでしょう。

そしてアメリカを「肩代わり」する余力がなくなった時、それは日本がアメリカから「役立たず」として見捨てられる時にほかなりません。

「日本国／日本国民」を越えて

最後にこうした中で、「日本国／日本国民」は今、一国単位の公共性――ナショナル・ミニマム――を喪失し、崩壊・溶解の入口に立っているようです。

それを象徴する言葉が、「選択と集中」です。東日本大震災の復興事業のキーワードは、「選択と集中」でした。すべての被災地ではなく、特定地域だけを選択して復興させる。つまり日本国内に辺境・棄民を生み出すと政府が公言し、国民もそれに疑問をもたなくなっています。人口減少地域も、もはや「過疎問題」という解決課題ではなく、「選択と集中」を自明の前提として切り捨てるしかない地方――限界集落・地方消滅――と位置づけられています。「国土」は、国家のために外国の侵略から防衛すべき空間ではあっても、国民生活のために整備すべき空間ではなくなりました。日本政府の国土計画――

「国土のグランドデザイン2050」——はもはや「全国総合開発」の名を捨て、離島の住民を「現代の防人」と公式に位置づけました。大学などに配分される科学技術研究予算も、「選択と集中」が貫徹された競争的資金です。

しかし、「選択と集中」の果てに「日本国／日本国民」の未来はありえません。「選択と集中」はいうまでもなく一部の強者だけの生き残り、大多数の国民の段階的な切り捨てにほかならないからです。このまま産業基盤が弱体化し、円安が進めば、輸入に依存している食糧・エネルギーの価格は高騰し、国家財政は破綻し、国民福祉は崩壊し、日本は「周辺国」化していかざるをえません。「選択と集中」は、そうした縮小再生産・崩壊に向けた単なる対症療法にすぎません。

また、「日本国民」としての公共性・平等性の崩壊は、日本国内での階級格差の拡大・固定化を意味します。「親ガチャ」による子どもの貧困、働いても生活できないワーキング・プア、年金で暮らせない老後破産者、生活保護からも排除される膨大な貧困層、不就学・不登校・ひきこもり・無戸籍者の増加。それらの多くは個人の力ではどうすることもできない構造的な格差であり、社会自体の分断です。これらが固定化すると、国民としての一体感も希薄化せざるをえません。現在、国政選挙の投票率が若年層を中心に低下しているのは、「国民」の自覚の欠如というより、もはや国政・国家権力・国民国家に何も期待しない諦観・見限り・失望・不信の現れと見るべきでしょう。国家官僚も「エリート」から「ブラック」の象徴に変わり、志願者の減少・離職者の増加が進み、これが国家行政機能の劣化に拍車をかけています。

総じて１つのまとまりとしての「日本国／日本国民」は、いよいよ終末を迎えているようにも見えます。

最後に、巨大災害の切迫にも触れておきましょう。本書で見てきたように、大きく歴史が変わる時、つねに大規模な気候変動・地殻変動がそれを後押ししてきました。

「選択と集中」の結果、現代の日本では東京一極集中が顕著ですが、首都圏が大震災に見舞われた時、日本国はどうなるのでしょう。また東京・名古屋・

大阪など大都市圏に人口・産業が集まっていますが、地震・津波、火山噴火で東西の交通が寸断され、復興に数十年もかかる事態になった時、日本国は果たして機能し得るのでしょうか。

さらに東日本大震災・福島原発事故の直後、「脱原発」が喧伝されました。しかし今は"CO_2削減・温暖化対策"の美名の下、原発依存への逆戻りが進んでいます。再度、深刻な原発事故が起きた時、日本国の何十％の国土・国民が「選択と集中」の対象とされるのでしょう。

こうした巨大災害はおそらく、「日本国／日本国民」の崩壊の直接の原因ではありません。しかしそれは、すでに着々と進みつつある「日本国／日本国民」崩壊の、最後の一押しになる可能性は否定できません。それは、本書の各章で見てきたように、過去の歴史で実際にしばしば起きてきたことです。

以上のように「日本国／日本国民」はいまや機能不全に陥り、崩壊の入口にさしかかっています。

では、日本国に依拠し、「日本国民」であることによって自らの「生命―生活」を維持できなくなった日本人、すなわち「シン・日本人」は、いかなる社会を構築しつつあるのでしょう。またここでいう「シン・日本人」とは、いったいどのような人たちなのでしょう。最後に第6章では、それを考察します。

《関連年表》

1990	日米構造協議（貿易不均衡是正）。バブル崩壊。
1991	ソ連崩壊。湾岸戦争。ペルシャ湾に自衛隊派遣。
1992	国連平和維持活動（PKO）等協力法。自衛隊、カンボジア派遣。地価下落本格化。国民生活白書で初の「少子化現象」。
1993	モザンビークに自衛隊派遣。GNP対前年比で減少。合計特殊出生率1.46に。永住外国人の指紋押捺廃止。
1995	阪神淡路大震災。円相場1ドル＝80円台に。自衛隊、ゴラン高原派遣。
1996	日米首脳会談、日米安保共同宣言。食管法廃止・新食糧法。初の「高齢社会白書」発表。
1997	アジア通貨危機。アイヌ文化振興法成立。改正男女雇用機会均等法。新日米防衛協力指針（新ガイドライン）。GDP戦後最悪のマイナス成長。
1998	日本版ビックバン開始（外国為替法改正等）。円安加速、1ドル＝140円台。IMF、日本経済が戦後最悪の景気後退と判断。地球温暖化対策推進法・NPO法。
1999	改正外国人登録法・情報公開法・国旗国歌法・通信傍受法（盗聴法）・男女共同参画社会基本法。
2000	年金制度改正関連法（給付水準の大幅抑制）。
2001	アメリカ、同時多発テロ。テロ特別措置法。
2003	個人情報保護法・有事法制関連3法。イラク戦争。イラク復興支援特別措置法、自衛隊派遣。健康保険法改正（医療負担額増額）。
2004	自衛隊、イラク派遣。日本の人口ピーク。
2005	合計特殊出生率1.26に。
2006	生活保護世帯、100万世帯超。65歳以上人口、20％超。
2007	郵政民営化。アメリカ、サブプライムローン問題、世界同時株安。
2008	リーマン・ショック発生。
2011	東日本大震災、福島原子力発電所事故。
2013	特別機密保護法。赤字国債、1000兆円超。
2014	政府、憲法解釈変更・集団的自衛権容認。65歳以上人口、25％超。
2015	安全保障関連法。
2017	共謀罪法。
2018	訪日外国人3000万人超。米中貿易摩擦激化。
2020	新型コロナ・パンデミック発生。

コラム13　ポスト・コロニアルの「疎外」

　1980年代末、東西冷戦が終焉し、単一のグローバル市場が広がりました。そこで、ポスト・コロニアルの主な資本蓄積方式——多国籍企業化・移民労働力の活用——が、全地球規模で展開しました。

　生産・金融・市場のグローバル化には、それらを統括する中枢管理機能の高度化が不可欠です。そこで、いわゆる「ICT (information and communication technology) 革命」——インターネット、通信衛星、スーパーコンピュータ、AI (artificial intelligence) などの急速な技術革新——が進みました。

　グローバルな資本蓄積は、従来以上に深刻な「疎外」を創り出します（「コラム6」を参照）。

　第1は、国家単位の「南北格差」ではなく、個々人を単位とするグローバルな階級格差の拡大です。

　中核諸国でも職場が海外に流出し、また移民労働者が流入することで、労働者の賃金水準・労働条件の劣化が進みました。そこで移民労働者への反発、暴力を伴う移民排斥運動も激化しました。

　管理職・専門職のグローバルな地位獲得競争も激化し、しかもその競争が出身階級の違いによって極めて不公平——いわゆる「親ガチャ」——であることが、ストレスをさらに増幅させています。

　第2に、国家が個人にとって生活保障の基盤というより、一種の制約となり、「国民主権が民主主義の唯一の方法である」といった幻想が崩壊しつつあります。

　特に周辺諸国では、自国の発展に見切りをつけ、難民・移民として流出する人々が増えました。

　中核諸国でも、「国民」としての同質性に基づく福祉国家体制が衰退し、民族・人種・学歴・職業・所得・居住地・宗教などの違いによる利害対立・分裂が噴出しています。移民排斥運動・極右民族主義の台頭も一見、ナショナリズムへの回帰のように見えますが、実際には国民の分裂の現れと見るべきでしょう。

　第3に、格差の拡大と国家不信は、社会不安を増幅し、治安の悪化を招いています。

周辺諸国ではしばしば民族・地域紛争が発生し、これを阻止・抑止するため、またそれ自体を資本蓄積の好機とするために、中核諸国による軍事介入——無差別爆撃を含む——が、「人権」擁護の名の下に行われています。

グローバルなテロ集団のネットワークも広がり、戦争の主体ももはや国家に限定されなくなりました。テロの主なターゲットは、グローバル資本主義の中枢管理機能が集積する中核諸国の都市、および、技術的基礎としてのサイバー空間です。

こうした治安の悪化を、社会システムの変更を伴わず、テクノロジーで解決しようとすれば、監視社会化が進みます。監視カメラ・インターネット空間で収集された膨大な個人情報を分析し、犯行が起きる以前から、あらゆる個人の日常行動・思想・内心が監視されます。プライバシー、行動・内心・表現の自由は、公共の福祉・セキュリティ・コンプライアンスの名の下に侵食されます。個々人のストレス・相互監視・誹謗中傷・フェイクニュースも増幅します。こうした監視は、同じ技術を使えば犯罪組織にも十分に可能で、サイバー・テロのさらなる拡大との無限ループです。

そして第4に、国境を越えたグローバルな地球環境破壊も、かつての帝国主義時代とも比較にならない規模で深刻化しています。中核諸国の市民社会における"リサイクル"の美名の下、ICT機器の残骸など大量の産業廃棄物が周辺諸国に投棄され、地球を汚染し、人身被害を広げています。利潤増殖を至上目的として、一方ではCO_2排出が爆発的に増加し、他方では"CO_2排出削減"という美名の下、別の環境破壊を伴う"エコ商品市場"、および、原子力エネルギー活用の拡大も進みます。原子力の活用は、1945年の広島・長崎で可視化された"人類絶滅のリスク"の日常化です。実際にも原子力発電所はしばしば重大事故——スリーマイル、チェルノブイリ、福島——を起こし、回復不可能な形で自然環境を破壊してきました。今後、核兵器・原子力発電所は周辺諸国で特に急増し、つねに戦争・テロの手段・標的として関心を集めることになるでしょう。

総じて、ポスト・コロニアルのグローバルな資本主義は、人類史上初めて、言葉の正しい意味で、国境を越えた"全人類の普遍的な危機"をもたらしつつあります。

― 第6章 ―

未来へ

East China Sea

1 地域とシン・日本人

「日本国／日本人」の未来を考えましょう。

未来には多くの選択肢があり、変更も可能です。本章で示すのは、そのあり得べき1つにすぎません。

地域の時代

現在、日本国に依拠し、「日本国民」であることによって「生命―生活」を維持できない日本人が増えてきています（本書187～189頁を参照）。国民国家としての「日本国」が機能不全に陥りつつあるといえましょう。

しかし、それでも人々は生きていかなければならず、また実際に生きています。

つまり、人々の「生命―生活」を支えている生活圏が現実に存在し、その意義・重要性がいっそう、増してきているのです。

こうした諸個人の生活圏を、「地域（region and community）」と呼びます。

地域は、3つの点で国民国家と異なります。

第1に、それは開放的で、固定した境界領域をもちません。

地域はまず何より、諸個人の生活を支える生産・交易圏です。生活物資の生産地・消費地、および、それらを結ぶネットワークともいえましょう。またその前提として、地域は情報のネットワークでもあります。

たとえばある人がバナナを食べる時、そのバナナはフィリピンの特定地域で生産され、その人が居住する地域まで運ばれてきました。その生産地と消費地、および、それをつなぐ動線が、その人の生活圏としての地域です。

こうした地域の開放性は、グローバリゼーションと「ICT（information comminication technology）」の発展により、人類史上かつてない規模で急拡大しています。

第2に、地域は多様で流動的です。

生活物資や情報の交易は、各地域ごとに自然・産業・歴史・文化が異なり、

地域的分業があるからこそ成り立ちます。

　また生活圏としての地域もひとりひとり多様で、つねに変化します。人が年齢を重ねたり、地域移動をしたりすれば当然、その人の生活圏としての地域も変化します。

　第3に、地域は重層的で複数性をもちます。

　諸個人は、生活物資・情報の種類ごとに複数のネットワークを使い分けます。たとえば、食料と娯楽情報では生産地も入手経路も異なります。生活圏としての地域は、多種多様なネットワークの重層です。

　なお、こうした地域は、市場と完全に同じではありません。地域には、市場を介さない贈与・互恵関係もあります。しかし贈与される物資・情報も、その原材料・生産手段まで含めればほとんどの場合、市場によって支えられています。市場が地域の不可欠の構成要素であることは、明らかです。

　また地域は、何らかの「中央／中核」を前提とした「地方／周辺」でもありません。

　地域は個々人の生活圏であり、その目的は当事者の「生命―生活」の維持・発展にあり、その意味で、地域はそれ自体が形成・発展させるべき対象です。それは、国家や資本蓄積の手段ではありません。そこで地域における民主主義は、国・地方自治体の"主権"ではなく、諸個人の自己統治と生活の必要に応じた他者との協働・共生です。

　そして日本列島の歴史を振り返ってみれば、こうした地域がほぼ一貫して、人間の生活の基本的単位でした。

　狩猟採集時代は血縁社会でしたが、それでも日本列島では早くから定住化が進み、地域――ムラ――に依拠して人々は生きていました。もとよりそうしたムラは、アジア各地の広域的ネットワークの中で成立・機能していました。

　「倭国」時代、および、「日本国」の権門体制・幕藩体制の時代も、産業・生活の基本的単位は地域――荘園・村（惣）・都市など――でした。また地域は、国家に対する民衆の抵抗の基盤でもありました。こうした地域が、日本列島やアジア大陸の各地域とのつながりの中で形成され、成り立っていたことも本書

で述べてきたとおりです。

 地域は、決してユートピアではありません。どの時代の地域にも、多くの矛盾がありました。しかしそれゆえに矛盾の主体的な解決もまた、地域においてなされてきたのです。

 そして日本列島の社会の最大の特徴は、"地域的多様性"にありました。自然・産業・技術・文化習慣の地域的多様性、および、それゆえの交流・交易の必要性が、人々の生活を大きく規定し、日本の社会を形成してきたのです。

 なお日本列島において、中央集権的な国家によって地域の多様性が減殺され、地域の「地方」化が顕著に進められた時期が、2つあったように思われます。

 1つは、古代律令制の公地公民化です。ただし当時は稲作の生産力が低く、国家の同化政策は十分に貫徹しませんでした。律令制は成立後、まもなく崩壊に向かいました。むしろ律令国家は、日本列島の"地域的多様性"を前提として、そのごく一部の領域・要素だけを支配する形で、かろうじて成立したといってよいでしょう（本書70頁を参照）。

 もう1つは、明治以後の近代化です。近代の高度な生産力、および、産業・技術・文化習慣を国家が一元的に管理統制することで、地域は近代化・資本蓄積の手段とされ、「地方」化が急速に進みました。国家に対する抵抗も「国民」化され、国政への参加という形に収斂・中央集権化していきました。

 しかし、こうした明治以後の近代化は、これまでに2度、破綻しました。

 1度目は、第二次世界大戦の敗戦、国家・地方の双方の壊滅です。

 2度目は、1990年代以降の「失われた30年」です。日本国内で「地方」消滅が急速に進みました（本書187～189頁を参照）。これはいうまでもなく、「地方」の存在を前提とする東京一極集中、「中央―地方」の構図それ自体の終わりの始まりです。生活圏としての地域は一国内の「地方」ではなく、「地域」として再生を目指すしかない状況におかれています。

 そして「地域」の再生において、日本列島の"地域的多様性"は重要な資源・特長となり得ます。それは、過去の歴史が証明しています。

シン・日本人の時代

　そこで、新たな日本社会の担い手——シン・日本人——は、日本列島における多様な地域の構成員ということになります。

　地域と同様、シン・日本人もまた開放性・多様性・流動性・重層性・複数性といった特徴をもち、それはトランス・ナショナリティとして現れます。

　たとえば、日本列島の居住者の中で、①永住権・定住権、日本人との結婚などの在留資格をもつ外国籍者、②外国籍から日本国籍に帰化した人、③二重国籍者、④外国にルーツをもつ両親・祖父母がいる日本国籍者、⑤日本の諸地域で働き学ぶ外国籍者——技能実習・特定技能・留学など——は、さしあたり最もわかりやすいシン・日本人です。

　それだけでなく、⑥こうしたシン・日本人と密接な関係性をもつ人——配偶者・パートナー・親友など——、⑦シン・日本人が生産・交易した生活物資・情報の消費者、⑧シン・日本人が消費する生活物資・情報を生産・交易する人々もまた、前述の地域のメンバー、すなわちシン・日本人です。日本列島に住むほとんどすべての人は事実上、シン・日本人といえましょう。

　さらに、⑨他の国で日本向けの生活物資・情報を生産している人々、および、⑩日本で生産された生活物資・情報を他国で消費している人々、⑪それらを相互に交易・流通させている人々もまた、日本の諸地域の関係人口、連帯・配慮すべき／し得る対象であり、広義のシン・日本人といってもさしつかえありません。シン・日本人が、同時にシン・アメリカ人、シン・中国人であり得るのもまた、当然です。

　シン・日本人の人口は、日本国民のそれを大きく上回ります。

　シン・日本人のトランス・ナショナリティは、異種混交性です。地域は、国民国家や諸個人の明確なナショナリティを前提とした「移民国家（の一地方）」でもなければ、多文化共生・統合・包摂の社会でもありません。地域は、安定した「国民」が不安定な「移民・外国人」を寛容に受け入れる場ではないのです。これまでの「日本国民」も国家を頼れなくなる以上、「移民・外国人」と

同じ立場で地域を創造するしか、生きるすべはありません。日本国が「移民国家」になったのではなく、「日本国民」が日本にいながらにして「移民／難民」化したともいえましょう。

当然、シン・日本人は、「日本国民」が救済すべき対象ではありません。生活圏としての地域の対等平等な構成員です。

たとえば現在でも、外国人技能実習生は「山猫スト」──労働条件改善を求めた、少人数での自発的・非組織的な出勤拒否──を頻繁に行い、「闘わない日本人労働者」の労働条件の改善に意図せざる好影響を与えています。また外国人労働者が消防団の実質的な主力となり、高齢化した日本人を守っている地域もあります。地域の伝統的地場産業、および、医療・介護・福祉において、外国人労働者が不可欠の担い手となっている光景は、ごく日常的に見られます。

現代は、こうした異種混交が日本の歴史上、最も顕著に見られる時代といって過言ではないでしょう。

しかし日本列島の地域の構成員が、つねに異種混交だったという歴史的事実も見逃せません。

狩猟採集時代は、もちろんナショナリティ自体が存在しませんが、しかしアジア大陸の多様な地域から日本列島に人々が流入し、混血・文化交流を重ね、"地域的多様性"に満ちた社会を形成していました（本書36〜38頁を参照）。

国家が形成された後も、日本列島内はもちろんアジア大陸の多様な地域の人々との密接な関係の中で「日本国／日本人」は形成されました。近世には、ヨーロッパ・アメリカ・アフリカを含む人流により、新たな「日本国／日本人」が再結集されました（本書86〜89頁を参照）。近代以後は、侵略・植民地支配という非常に疎外された形で、アジア諸民族との統合・融合が推進されました（本書107〜115頁を参照）。

日本列島の歴史において、「島国」単位の民族的同質性が政策的に構築されたのは、わずかな時期にすぎません。

1つは幕藩体制の「鎖国」です。しかしここでは、「島国」内部で徹底した地域・身分的多様性が築かれました（本書92頁を参照）。

もう1つは第二次世界大戦の敗戦後、アメリカ従属の下での約30年間ほどです。「島国」単位の「単一民族神話」が日本史上、初めて構築されました（本書124〜125、164〜165頁を参照）。そしてこれが1980年代以降に崩れ始め、現在、最終的な崩壊局面に到っているのです。

その意味で、シン・日本人は、日本古来の伝統的な異種混交の日本人への回帰といってもよいでしょう。

2 「日本」存続の可能性と諸条件

「日本」はなくなるか？

さて、地域的多様性と日本人の異種混交性が進むと、「日本」は雲散霧消するのでしょうか。

おそらくそうではなく、「日本」という概念は、これからも存続すると思われます。

なぜならまず第1に、「日本国民」は溶解しても、「日本国」は続くからです。

現代は、国民国家が機能不全に陥り、溶解しつつある時代です。

しかし、国民国家は国家の一形態にすぎません。国民国家は近代になって登場しましたが、日本列島でも国家は「倭国」以来、ずっと存在してきました。国家とは、支配階級が被支配階級から剰余価値を搾取するための統治機構で、その本質は現在に至るまで一貫しています。これを正当化する権力が「主権」であり、国家と主権は一体です。

そこで、国民国家は溶解しても、階級的搾取が存続する限り、国家は維持されます。「国民」が無意味になっても、地域の生産過程から剰余価値を搾取するための政治機構としての国家はなくなりません。ただ国民主権・民主主義ではない、より独裁的・権力的な国家に移行すると思われます。

したがって今後、国家による民衆生活の破壊はいっそう強化され、民衆は自らの「生命─生活」を防衛するため、国家に対する抵抗をますます強化せざる

をえません。

　日本列島の多くの地域、および、多種多様なシン・日本人の統合の１つの契機は、「日本国」への抵抗です。それは、主権から解放された民衆の連帯ともいえましょう。

　第２に、民族としての「日本」も存続する可能性が高いと考えられます。

　もちろん「単一民族神話」、すなわち国家を単位とした同質的アイデンティティとしての民族は、意味をなさなくなるでしょう。

　しかし、民族解放闘争が単一民族国家の形成を目指すものではなく、自らの生活を破壊する帝国主義に対する広義の階級闘争であった事実をふまえれば（「コラム11」を参照）、そうした意味での民族は今後、活性化せざるをえないでしょう。

　さらに、地域の文化・習慣・アイデンティティとしての民族は、今後、生活圏としての地域が復権・活性化すればするほど、より豊かに形成されていくでしょう。たとえば、「大阪人」「沖縄とつながりをもつ東京人」「中国東北地方にルーツをもつ福岡人」といったイメージです。ひとりひとりが複数の異種混交的な民族性をもつのは、むしろ当然です。

　そうした中で、シン・日本人が、多様で重層的な「民族」の１つとして維持・存続するか否かは、日本列島が１つの生活圏、すなわち諸個人にとって有意義で魅力的な物質的交易圏（市場圏）、情報共有圏（言語・文化圏）となり得るか否かによって決まります。「民族」が所与のものではなく、地域に根ざして主体的に創造されるものである以上、それは当然でしょう。そして日本列島における"地域的多様性"とそれに基づく分業の必要性は、シン・日本人のゆるやかな民族的統合の可能性を十分に担保していると考えられます。

　こうした意味で、シン・日本人が１つのアイデンティティとして、したがって日本が１つの生活圏・地域として形成される可能性は、決して皆無ではありません。

階級と国家の克服

　とはいえ、多様な地域が結局、主権国家に包摂・支配されて「地方」化・周辺化され、あるいはシン・日本人の多様性・異種混交性が新たな民族差別・排除・分断の契機とされる可能性も、もちろん十分にあり得ます。

　これを阻むには、地域、およびシン・日本人が、階級的搾取の是正・廃止に向け、生産・労働過程での共同に取り組む必要があると思われます。

　国家とは前述のように、最も直接には、階級的搾取のための政治機構です。

　そこで国家は、階級的搾取が続く限り、形を変えて存続します。グローバル資本主義によって国家が衰退・退場するとの見方もありますが、おそらくまちがっているでしょう。グローバル資本主義によって空洞化し、機能不全に陥るのは国民主権・国民国家です。階級的搾取の強化が進む以上、国家は弱体化せず、むしろ非民主的に再編・強化されます。国家それ自体の機能不全・無効化の指標は、階級的搾取の縮小・廃止です。「抑圧しておかなければならない社会階級がもはや存在しなくなったそのときから……社会関係への国家権力の干渉は、……よけいなものになり、やがて（国家は）ひとりでに眠りこんでしまう」（エンゲルス　1968：289）のです。

　また、民族差別の原因も単なる文化的多様性ではなく、階級構造とそれに基づく搾取でした。近現代の人種・民族差別も、植民地支配や移民労働力の活用という資本主義の生産様式・階級的搾取に起因しています。そこで、多文化共生や文化的統合・包摂では、人種・民族差別は解消しません。人種・民族差別の緩和・廃止にもまた、階級的搾取の縮小・廃止が不可欠です（本書13～16頁を参照）。

　ここでいう階級的搾取は、私的所有・市場経済・自由競争に基づく貧富の差ではありません。被支配階級が生産・労働過程で作り出した剰余価値の、支配階級による取得です（「コラム7」を参照）。

　したがって国家への抵抗、および、人種・民族差別の解消において、階級的搾取の問題に踏み込まない地域再生論やシン・日本人論は、表面的で無力な空

論にならざるをえないでしょう。すなわち文化や社会関係、行政の政策変更、行政との協働にとどまる地域「再生」は、国家・資本に支配・包摂・活用されるだけに終わります。

　また、階級的搾取の問題に踏み込まず、生産力の発展の一般的抑制を唱えるだけの地域再生論も無力です。それは、「生命―生活」の発展的再生産という人間の本源的欲望の否定であり、生産力の低さに起因する"生きづらさ"・苦痛の軽視です。

　日本列島の歴史を見ても、地域の民衆の生活の発展には、生産力の発展・剰余価値の拡大再生産が不可欠でした。

　現代における地域の再生にとっても、生産・労働を通した生産力の発展、および、搾取の廃止に向けた協働の構築が決定的な鍵になるでしょう。

　こうした協働には、すでに多様な取り組みがありますが、生産・労働過程にダイレクトに根ざす地域形成の１つとして、ワーカーズコープ――労働者協同組合――があります。

　これは、複数の労働者が自ら出資して協同して事業を起こし、出資額にかかわりなく平等な立場で経営を担う「働き方」です。その事業内容は、地域におけるさまざまな困難・課題の解決です。地域の諸課題の解決に、ボランティアではなく、収入に結びつく仕事・労働をとおして取り組みます。事業の目的は地域の発展・再生であり、利潤増殖ではないので、短期的に利益に結びつかなくても、地域の諸課題に社会連帯活動として取り組みます。むしろ広範な社会連帯活動に取り組む中で、それを収入に結びつく仕事・事業へと結実させることを目指します。産業・労働と地域を一体化させ、また利潤増殖・階級的搾取を目的としない生産・労働様式の模索といえましょう。こうしたワーカーズ・コープは、「失われた30年」の間、日本列島の各地域で急速に増加・発展してきました。

3　自然と平和

自然としての地域

　さて、日本列島における社会の歴史的変遷をふりかえれば、自然が人間にとってあらゆる意味で生存の前提であることがわかります。衣食住の素材はもちろん、何より人間——ホモ・サピエンス——自身が自然の一部にほかなりません。

　また人間は生きるため、労働によって自然を目的意識的に改造・制御しなければなりません。生産力の発展は、人間の「生命—生活」の発展的再生産に必要不可欠でした（「コラム3」を参照）。

　したがって地域の自然とは、人間が改造・制御して創造した自然にほかなりません。自然における"地域的多様性"も、例外ではありません。地域とは、自然と人間の統一・融合ともいえましょう。

　しかし同時に、自然は無限で、人知・人間の生産力は有限です。自然は、時として人間に猛威を奮います。人間はなすすべもなく、自然に翻弄されます。

　また無限の自然は、人間につねに「意図せざる／予期せぬ結果」をもたらします。効率的な狩猟が引き起こした「狩り尽くし・飢餓」、農地拡大・森林伐採がもたらした洪水・感染症の蔓延、原子力発電が招いた環境破壊などはいずれも、人間自身の自然改造が引き起こした「意図せざる結果」といえましょう。

　こうした自然と人間の関係は、狩猟採集時代から現代に至るまで一貫して変わらず、続いています。

　さらに階級の成立以降、生きた人間の「生命—生活」よりも剰余価値の搾取を優先する"非人間的"な自然環境破壊も発生しました（「コラム6」を参照）。意図したわけではないけれど、十分に予期できる人為的環境破壊です。利潤増殖を至上目的とする資本主義の下では、こうした環境破壊が爆発的に拡大し、地球規模に広がりました。原子力発電所の事故による放射能汚染も——それを事前に予測・危惧する多くの世論があった事実をふまえれば——、十分に予期

できた環境破壊というべきでしょう。その意味でもまた、階級的搾取の問題に踏み込まず、生産力発展や人間の欲望の一般的抑制を唱えるだけのエコロジー思想は、無力または意図的な虚偽意識といわざるをえません。

このような自然と人間の関係を、どのように制御していくかもまた、地域形成の重要な課題です。

生産力の発展・自然の目的意識的改造を一概に否定せず、しかも自然の無限性・人間の生産力の有限性を十分にわきまえ、利潤増殖・資本蓄積の単なる手段として自然を取り扱うのではなく、自然と向き合い、一体化する必要があります。「人間と自然との本質的一体性の成就、自然の真の復活、人間のナチュラリズムまたは自然のヒューマニズムの貫徹」（マルクス 1975：457-458）です。近代以前の日本列島の諸地域には、このような知――「無主の地」としての山野川海の利用・共同管理など――も、豊富に培われてきました。

地域から創る平和

最後に、地域のもう１つの存立基盤は平和です。現代でいえば、国家による戦争の阻止が重要な課題といえましょう。

第二次世界大戦後の日本国憲法平和主義は、「人民（peoples）」を「国民」と意図的に翻訳し、その人類的・普遍的な価値を棄損しました（本書134〜139頁を参照）。その後、憲法平和主義の意義は、アメリカ・日本などの国民国家によって矮小化されていきました。

そして今、国民国家が溶解し、生活圏としての地域、主権から解放されたシン・日本人が生まれつつあります。それは、「国民」から解放された「人民」の復活でもあります。日本国憲法平和主義は、シン・日本人の統合の１つの核として、適合的な理念ともいえましょう。「平和を愛する世界の人民（the peace loving peoples of the world）」をシン・日本人とすることができれば、それは地域としての日本の統合・生き残りの大きな契機・魅力となり得るでしょう。

多様な未来の選択肢

　以上、「日本国／日本人」の未来像を描いてきました。

　ただし、これはあくまで1つの選択肢です。

　資本主義世界システム、および、グローバルな階級的搾取をさらに強化する選択肢もあり得ます。そこで生じる未来は、次のようなものでしょう。

　第1に、資本主義世界システムにおける「日本国」の周辺国化がさらに進み、国民生活が劣化します。国民と国家の軋轢が強まれば、国家はますます非民主的・独裁的になります。そして「日本国」に見切りをつけた国民が、移民・出稼ぎ・難民として流出します。これらは、すでに多くの周辺諸国で発生している未来です。

　第2に、国家間戦争に至る可能性です。アメリカと中国の覇権争いが東アジアで戦争として勃発した時、「日本国／日本国民」は深刻な被害を受けます。軍事力・防衛力の強化で、その被害を完全に防止することはできません。核戦争の勃発は、深刻な人類的危機をもたらします。

　そして第3は、ポスト・ヒューマンです（「コラム14」を参照）。国家・資本主義がもたらす諸矛盾を、社会変革を伴わず、テクノロジーによって解決しようとすれば、「AI（Artificial Intelligeice）」による社会・人間の統制、または遺伝子操作・サイボーグ技術を駆使した人間改造という未来も十分に展望できます。

　これらもまた、「日本国／日本人」の未来に開かれた、決して荒唐無稽ではない現実的な選択肢です。

　歴史家のエリック・ホブズボームは、「ヘーゲルは、叡知を運ぶミネルヴァのフクロウは夕暮れに飛び立つ、と言った。今やネイションとナショナリズムの周りをミネルヴァのフクロウが旋回しつつあるが、これは願ってもない前触れである」（ホブズボーム　2001：247）と述べました。これを「願ってもない前触れ」にするか、それとも人類と「日本」の滅亡の前触れとするか。それは、私たちの今／ここでの選択しだいといえましょう。

コラム14　ポスト・ヒューマンの未来

　20世紀半ば、原爆の製造、および、広島・長崎での使用は、人類が生み出した生産力——科学技術——が、全人類の絶滅をもたらす破壊力にもなり得る現実を可視化させました。

　21世紀の今日、生産力の発展は、より多様な形で、しかも日常的に人類の終焉を可視化させつつあります。

　第1は、「AI（Artificial Intelligeice）」による人間生活・人類社会の管制です。

　安全・秩序・清潔・健康を保持する「最も正しい」行動・内心・生活のあり方がAIによって示され、人間はその指示以外の行動・選択の自由がなくなる可能性があります。また人間が、正義・価値・愛についてAIに「相談」し、その指示に従い始める可能性も否定できません。これらは、人間に固有の主体性・尊厳の喪失ともいえます。またAIが、AI自身・地球・生態系などにとっての人間・人類の存在意義に疑問を抱き、人間に「最も正しい安楽死」のプログラムを作動した時、人類の歴史は終焉を迎えるのかも知れません。

　第2は、死の技術的克服です。

　問題のある臓器を、機械やクローンで作った臓器に次々に「着替え」、永遠の命を得ようとする試みです。

　生命の有限性（寿命）は、人間を含むあらゆる生物が、「今／ここ」で問題を解決しようとする主体性の不可欠の基盤です。永遠の命を手に入れた生物には、もはや問題解決は不要で、主体性も不要です。主体性を失った人間にとって、もはや「永遠の命」も無意味でしょう。こうして人類は、死・絶滅を自ら選択するのかもしれません。

　もちろん、いくら臓器を「着替え」、脳の記憶をAIに移して身体を機械化しても、エネルギー補給やさらなる進化のために「労働」しなければならない状態は続くでしょう。しかしその「労働」が能力——性能・機能——的に差別化され、まして階級的搾取を伴うものであれば、「永遠の命」は無限に続く地獄にもなりかねません。

そして第3に、自然の身体が、ホモ・サピエンスという生物の範疇に収まりきらなくなり、その意味で人類が終焉を迎える可能性もあります（浅野 2005）。

遺伝子操作の技術は、健康体質・超人的能力・環境破壊への耐性などの獲得を目指します。その直接の延長上にあるのは、ホモ・サピエンス以外の生命体への人為的・技術的な進化でしょう。新たに生み出された多種多様な遺伝子組成をもつ新人類と野生のホモ・サピエンスは、互いにどのような関係を結ぶのでしょう。

もちろんホモ・サピエンスが、他の生物種へと進化を遂げることは——ホモ・サピエンス自身がそのように進化してきたように——避けられません。これまでのホモ・サピエンスの進化の過程に、ホモ・サピエンス自身による人為的介入・技術・労働の影響があったことも、明らかです（「コラム3」を参照）。ただし、現代の高度な生産力は、その人為的進化を極めて短時間——おそらく21世紀中——のうちに、しかも激的な形で実現することを可能にしつつあります。

しかもまた、自然は無限、人知は有限で、自然はつねに「予期せぬ／意図せざる結果」をもたらします。生産力は、つねに破壊力でもあります。超人的能力獲得・疾病克服を目的とした遺伝子操作が、遺伝子の暴走的進化による「予期せぬ／意図せざる」結果の可能性に開かれているのもまた、現代です。

参考文献

【序　章】国家・国民・民族としての「日本」を考える

浅野慎一・佟岩（2016）『中国残留日本人孤児の研究』御茶の水書房
浅野慎一・佟岩（2006）『異国の父母』岩波書店
アンダーソン、B.（2007）『定本　想像の共同体』白石隆・白石さや訳、書籍工房早川
井手孫六（2008）『中国残留邦人』岩波新書
オーウェル、G.（1982）「ナショナリズムについて」『オーウェル評論集』小野寺健編訳、岩波文庫
ギルロイ、P.（2006）『ブラック・アトランティク』上野俊哉・毛利嘉孝・鈴木慎一郎訳、月曜社
サイード、E. W.（1993）『オリエンタリズム（上・下）』今沢紀子訳、平凡社ライブラリー
塩川伸明（2008）『民族とネイション』岩波新書
スピヴァク、G. C.（2012）『サバルタンは語ることができるか』上村忠男訳、みすずライブラリー
チャタジー、P.（2015）『統治される人びとのデモクラシー』田辺明生・新部亨子訳、世界思想社
佟岩（2012）「血と国」陳天爾・近藤敦・小森宏美・佐々木てる編著『越境とアイデンティフィケーション』新曜社
野島剛（2019）「大坂なおみ選手が直面する国籍問題」国籍問題研究会編『二重国籍と日本』ちくま新書
パーク、R. E.（1986）『実験室としての都市』町村敬志・好井裕明編訳、御茶の水書房
広瀬清吾（1992）「外国人と外国人政策の論理」東京大学社会科学研究所編『現代日本社会6　問題の諸相』東京大学出版会
ホッブス、T.（2022）『リヴァイアサン（上・下）』加藤節訳、ちくま学芸文庫
望月優大（2019）『ふたつの日本』講談社現代新書
宮島喬（2016）『現代ヨーロッパと移民問題の原点』明石書店
宮島喬（2022）『「移民国家」としての日本』岩波新書
ルナン、E.（2022）『国民とは何か』長谷川一年訳、講談社学術文庫

参考文献

【第1章】「日本」以前

浅野慎一（1993）『世界変動と出稼・移民労働の社会理論』大学教育出版

浅野慎一（2005）『人間的自然と社会環境』大学教育出版

網野善彦（1997）『日本社会の歴史（上）』岩波新書

網野善彦（2008）『「日本」とは何か』講談社学術文庫

網野善彦（2005）『日本の歴史をよみなおす（全）』ちくま学芸文庫

アルバレス、W.（2022）『ありえない138億年史』山田美明訳、光文社未来ライブラリー

石川日出志（2010）『農耕社会の成立』岩波新書

エンゲルス、F.（1966）「「フランスにおける内乱」（1891年版）の序文」村田陽一訳『マルクス・エンゲルス全集』第17巻、大月書店

エンゲルス、F.（1968）「自然の弁証法」菅原仰訳『マルクス・エンゲルス全集』第20巻、大月書店

エンゲルス、F.（1971）「家族、私有財産および国家の起源」村田陽一訳『マルクス・エンゲルス全集』第21巻、大月書店

尾形勇・鶴間和幸・上田信・葛剣雄・王勇・櫻波護（2021）『日本にとって中国とは何か』講談社学術文庫

海部陽介（2022）『人間らしさとは何か』河出新書

鎌田浩毅（2016）『人類の台頭　地球の歴史（下）』中公新書

篠田謙一（2022）『人類の起源』中公新書

鈴木靖民（2012）『倭国史の展開と東アジア』岩波書店

ソシュール、F.（1972）『一般言語学講義／改版』小林英夫訳、岩波書店

スミス、A.（1988）『国富論』大河内一男監訳、中央公論新社

チョムスキー、N.（1963）『文法の構造』勇康雄訳、研究社出版

中川毅（2017）『人類と気候の10万年史』講談社ブルーバックス

中橋孝博（2019）『日本人の起源』講談社学術文庫

ハラリ、Y. N.（2016）『サピエンス全史（上・下）』柴田裕之訳、河出書房新社

平塚らいてう（1987）「元始、女性は太陽であった」小林登美枝・米田佐代子編『平塚らいてう評論集』岩波文庫

藤尾慎一郎（2021）『日本の先史時代』中公新書

ペティ、W.（1952）『租税貢納論』大内兵衛・松川七郎訳、岩波文庫

マルクス、K.（1962）「ルイ・ボナパルトのブリュメール十八日」『マルクス・エンゲルス全集』第8巻、村田陽一訳、大月書店

マルクス、K.（1965a）『資本論　Ⅰa』大内兵衛・細川嘉六監訳『マルクス・エンゲルス全集』第23巻第1分冊、大月書店

マルクス、K.（1965b）『資本論　Ⅰb』大内兵衛・細川嘉六監訳、『マルクス・エンゲ

ルス全集』第23巻第2分冊大月書店
マルクス、K.（1975a）「1844年の経済学・哲学手稿」『マルクス・エンゲルス全集』第40巻、真下信一訳、大月書店
マルクス、K.（1975）「ジェームズ・ミル著「政治経済学要綱」からの抜粋」『マルクス・エンゲルス全集』第40巻、細見英訳、大月書店
森先一貴（2021）『日本列島四万年のディープ・ヒストリー』朝日新聞出版
山田康弘（2019）『縄文時代の歴史』講談社現代新書
吉村武彦（2010）『ヤマト王権』岩波新書
リカードウ、D.（1987）『経済学および課税の原理』羽鳥卓也・吉澤芳樹訳、岩波文庫

【第2章】「日本」の誕生と分裂・流動化

網野善彦（1997）『日本社会の歴史（上・中・下）』岩波新書
網野善彦（2005）『日本の歴史をよみなおす』ちくま学芸文庫
網野善彦（2008）『「日本」とは何か』講談社学術文庫
伊藤俊一（2021）『荘園』中公新書
榎原雅治（2016）『室町幕府と地方の社会』岩波新書
大津透（2020）『律令国家と隋唐文明』岩波新書
岡本隆司（2021）『中国史とつなげて学ぶ日本全史』東洋経済新報社
尾形勇・鶴間和幸・上田信・葛剣雄・王勇・欄波護（2021）『日本にとって中国とは何か』講談社学術文庫
川尻秋生（2011）『平安京遷都』岩波新書
近藤成一（2016）『鎌倉幕府と朝廷』岩波新書
斎川眞（1999）『天皇がわかれば日本がわかる』ちくま新書
三枝暁子（2022）『日本中世の民衆世界』岩波新書
坂上康俊（2011）『平城京の時代』岩波新書
佐藤弘夫（2018）『「神国」日本』講談社学術文庫
『太平記』4（2015）、兵藤裕己校注、岩波文庫
藤木久志（2010）『中世民衆の世界』岩波新書
古瀬奈津子（2011）『摂関政治』岩波新書
村井章介（1993）『中世倭人伝』岩波新書
吉川真司（2011）『飛鳥の都』岩波新書
吉田孝（1997）『日本の誕生』岩波新書

【第3章】「日本国／日本人」の再結集と国民国家の構築

浅野慎一（1998）『新版　現代日本社会の構造と転換』大学教育出版

網野善彦（1997）『日本社会の歴史（下）』岩波新書
網野善彦（2008）『「日本」とは何か』講談社学術文庫
荒野泰典（2019）『「鎖国」を見直す』岩波現代文庫
井上勝生（2006）『幕末・維新』岩波新書
岩波新書編集部編（2010）『日本の近現代史をどう見るか』岩波新書
ウォーラーステイン、I.（1985）『史的システムとしての資本主義』川北稔訳、岩波現代選書
ウォーラーステイン、I.（1993）『脱＝社会科学』本多健吉・高橋章監訳、藤原書店
ウォーラーステイン、I.（2001）『新しい学』山下範久訳、藤原書店
ウォーラーステイン、I.（2013）『近代世界システム』川北稔訳、名古屋大学出版会
エンゲルス、F.（1974）「1882年9月12日　カール・カウツキーへの手紙」『マルクス・エンゲルス全集』第35巻、大月書店
岡本隆司（2021）『中国史とつなげて学ぶ日本全史』東洋経済新報社
加藤陽子（2007）『満州事変から日中戦争へ』岩波新書
小熊英二（1995）『単一民族神話の起源』新曜社
小熊英二（1998）『「日本人」の境界』新曜社
高埜利彦（2015）『天下太平の時代』岩波新書
塚本学（2022）『生きることの近世史』平凡社ライブラリー
成田龍一（2007）『大正デモクラシー』岩波新書
林羅山（1975）「春鑑抄」『藤原惺窩・林羅山』石田一良・金谷浩校注、岩波書店
速水融（2022）『歴史人口学で見た日本　増補版』文春新書
原田敬一（2007）『日清・日露戦争』岩波新書
平川新（2018）『戦国日本と大航海時代』中公新書
藤井讓治（2015）『戦国乱世から太平の世へ』岩波新書
藤田覚（2015）『幕末から維新へ』岩波新書
フランク、A. G.（2000）『リオリエント』山下範久訳、藤原書店
牧原憲夫（2006）『民権と憲法』岩波新書
マルクス、K.（1965a）『資本論　Ⅰa』大内兵衛・細川嘉六監訳『マルクス・エンゲルス全集』第23巻第1分冊、大月書店
マルクス、K.（1965b）『資本論　Ⅰb』大内兵衛・細川嘉六監訳『マルクス・エンゲルス全集』第23巻第2分冊、大月書店
マルクス、K.（1966）「総評議会からラテン系スイス連合評議会へ」『マルクス・エンゲルス全集』第16巻、内山敏訳、大月書店
水本邦彦（2015）『村　百姓たちの近世』岩波新書
三谷太一郎（2017）『日本の近代とは何であったか』岩波新書

村井章介（1993）『中世倭人伝』岩波新書
レーニン、V. I.（1957）「資本主義の最高の段階としての帝国主義」『レーニン全集』22巻、大月書店

【第4章】敗戦と日本国憲法にみる「日本国／日本国民」の再構築

浅野慎一（1998）『新版　現代日本社会の構造と転換』大学教育出版
浅野慎一（1993）『出稼ぎ・移民労働と世界変動の社会理論』大学教育出版
雨宮昭一（2008）『占領と改革』岩波新書
荒井信一（1995）『戦争責任論』岩波現代文庫
岩波新書編集部編（2010）『日本の近現代史をどう見るか』岩波新書
小熊英二（1995）『単一民族神話の起源』新曜社
小熊英二（1998）『「日本人」の境界』新曜社
小熊英二（2002）『〈民主〉と〈愛国〉』新曜社
尾高朝雄（2014）『天皇制の国民主権とノモス主権論』書肆心水
姜尚中（2018）『ナショナリズム』講談社学術文庫
金敬得（2005）『新版　在日コリアンのアイデンティティと法的地位』明石書店
酒井直樹（2008）『希望と憲法』以文社
酒井直樹（2017）『ひきこもりの国民主義』岩波書店
田中宏（1993）「日本における外国人労働者論議の"死角"」中野秀一郎・今津孝次郎編『エスニシティの社会学』世界思想社
田中宏（1995）『在日外国人　新版』岩波新書
ダワー、J（2001）『増補版　敗北を抱きしめて（上・下）』三浦陽一・高杉忠明訳、岩波書店
冨永望（2010）『象徴天皇制の形成と定着』思文閣出版
波多野澄雄（2022）『日本の歴史問題』中公新書
マルクス、K.（1966）「在ロンドン・ドイツ人労働者教育協会でおこなわれたアイルランド問題についてのマルクスの講演の記録」『マルクス・エンゲルス全集』第16巻、高橋勝之訳、大月書店
水野直樹・文京洙（2015）『在日朝鮮人』岩波新書
尹健次（1990）『孤絶の歴史意識』岩波書店
横田耕一（1990）『憲法と天皇制』岩波新書
和田進（1997）『戦後日本の平和意識』青木書店
レーニン、V. I.（1957）「民族政策の問題によせて」『レーニン全集』20巻、大月書店

【第5章】ポスト戦後の「日本国／日本国民」

浅野慎一（1998）『新版　現代日本社会の構造と転換』大学教育出版
浅野慎一（2005）『人間的自然と社会環境』大学教育出版
浅野慎一編著（2007）『増補　日本で学ぶアジア系外国人』大学教育出版
浅野慎一・岩崎信彦・西村雄郎編（2008）『京阪神都市圏の重層的なりたち』昭和堂
岩崎信彦、ケリ・ピーチ、宮島喬、ロジャー・グッドマン、油井清光編（2003）『海外における日本人、日本のなかの外国人』昭和堂
ヴォーゲル、E. F.（1979）『ジャパン　アズ　ナンバーワン』広中和歌子・木本彰子訳、TBSブリタニカ
小熊英二（2002）『〈民主〉と〈愛国〉』新曜社
梶谷懐・高口康太（2019）『幸福な監視国家・中国』NHK出版新書
基礎経済科学研究所編（1992）『日本型企業社会の構造』労働旬報社
熊沢誠（1993）『新編　民主主義は工場の門前で立ちすくむ』社会思想社
小林英夫（2003）『産業空洞化の克服』中公新書
武田晴人（2008）『高度成長』岩波新書
東京大学社会科学研究所編（1991）『現代日本社会（1）』東京大学出版会
東京大学社会科学研究所編（1991）『現代日本社会（5）』東京大学出版会
橋本健二（2018）『新・日本の階級社会』講談社現代文庫
水野直樹・文京洙（2015）『在日朝鮮人』岩波新書
宮崎勇・本庄真・田谷禎三（2021）『日本経済図説（第五版）』岩波新書
宮島喬（2022）『「移民国家」としての日本』岩波新書
望月優大（2019）『ふたつの日本』講談社現代新書
吉見俊哉（2009）『ポスト戦後社会』岩波新書

【第6章】未来へ

浅野慎一（2005）『人間的自然と社会環境』大学教育出版
エンゲルス、F.（1968）「反デューリング論」『マルクス・エンゲルス全集』第20巻、村田陽一訳、大月書店
ホブズボーム、E. J.（2001）『ナショナリズムの歴史と現在』浜林正夫・嶋田耕也・庄司信訳、大月書店
マルクス、K.（1975）「1844年の経済学・哲学手稿」真下信一訳『マルクス・エンゲルス全集』第40巻、大月書店

索　引

あ行

アイデンティティ　13, 28, 41, 82, 92, 95, 152, 200
アイヌ　10, 11, 17, 81, 92, 95, 99, 101, 107, 113, 114, 124, 126, 164, 190
アジア　13, 14, 36, 40, 42, 43, 47, 48, 50, 64, 66, 67, 77, 78, 81, 82, 86-89, 94, 97, 107-109, 112-115, 118, 120, 124, 136, 137, 139, 143, 161, 170, 172, 173, 181-186, 190, 195, 198, 205
アフリカ（アフロ）　13, 14, 30, 34, 52, 86, 108, 112, 173, 183, 186, 198
アメリカ　4, 12, 13, 28, 29, 86, 87, 105, 107, 108, 111, 112, 115, 117, 118, 125-133, 135-137, 139-148, 151, 153-157, 160, 161, 163, 167, 169-174, 179, 180, 182-187, 190, 197-199, 204, 205
アンダーソン, B　6
イエ　91, 103, 104, 106, 113, 127, 167
イギリス　4, 10, 13, 14, 30, 60, 86, 87, 96, 107, 108, 111, 115, 117, 119, 120, 132, 155
移民　2, 7, 12-19, 27-29, 155, 164, 166, 168, 173, 174, 176-178, 182, 185, 191, 197, 198, 201, 205
インド　14, 30, 96, 105, 108, 120, 132, 140, 183, 185, 186
ウォーラーステイン, I　117-119
エスニシティ（エスニック, ethnicity）　13, 28, 31
蝦夷　67, 71-73, 77, 83, 92, 96, 99, 105, 113
――地　92, 99, 105
エンゲルス, F　45, 53, 122, 201
欧米　17, 30, 97-100, 107-109, 112-114, 119, 120, 164, 166, 168, 171, 172, 175-178, 182
オーウェル, G　5
沖縄　18, 36, 48, 81, 90, 92, 94, 96, 99, 101, 102, 114, 126, 131, 137, 139, 140, 200

か行

階級　16, 31, 40, 41, 45, 47, 57, 58, 60, 61, 68, 69, 71-73, 75, 76, 79-82, 89-92, 94, 97, 100, 101, 106, 109-111, 115, 119, 121, 122, 129, 131, 137, 138, 154, 162, 163, 166-168, 177, 188, 191, 199-206
――闘争　61, 71-73, 80, 82, 110, 111, 115, 138, 154, 200
外国人労働者（力）　12-17, 166, 168, 170, 173-179, 181-183, 185, 186, 198
環境　7, 9, 35, 52-55, 58, 73, 156, 167, 172, 183, 184, 192, 203, 204,

207
韓国　5, 11, 116, 132, 139, 140, 145, 150-153, 172, 173
帰化　2, 11, 67, 72, 112, 113, 149, 150, 152, 197
気候変動　　35, 71, 73, 93, 188
北朝鮮　　　139, 140, 150-153
技能実習　5, 16, 173, 175, 177, 182, 183, 185, 197, 198
──生　5, 175, 177, 183, 198
共産主義　109-111, 126, 127, 129, 133, 139, 140, 142, 143, 146-148, 157, 160, 161, 170
極右　　　　　7, 16, 176, 191
ギルロイ，P　　　　　　30
血統　2-4, 11, 13, 21, 22, 36, 41, 45, 67-69, 71, 72, 74, 76, 79, 102-104, 112, 113, 128, 132, 133, 174
言語　2, 3, 13, 28, 29, 49, 52, 55, 57, 90, 101, 102, 164, 166, 168, 200
国籍　2-4, 8, 11-14, 19-25, 27, 99, 100, 124, 138, 145-155, 164, 165, 168, 173, 179, 185, 197
国民国家　6, 7, 9, 13, 31, 85, 96, 101, 129, 188, 194, 197, 199, 201, 204
戸籍　19-24, 50, 66, 68-74, 91, 100, 103, 105, 112, 145, 147, 152, 179, 188

さ行

サイード，E　　　　　　30
在日中国人　11, 124, 125, 134, 164, 175
在日朝鮮人（在日韓国朝鮮人）　11, 124, 125, 134, 145-153, 164, 175
搾取　45, 49, 60, 61, 69, 70, 72, 75, 99, 117, 119-122, 154, 155, 157, 173, 199, 201-206
差別　6, 12, 14-16, 21, 26, 28, 29, 40, 41, 45, 46, 58, 59, 95, 101, 111-114, 126, 133, 134, 138, 145, 147, 151, 155, 165, 166, 168, 169, 175, 176, 178, 201, 206
産業革命　　　96, 117, 119
残留孤児　　　　17-27
ジェンダー　　　31, 178
市場　44, 50, 56, 57, 59, 60, 70, 77, 78, 80, 82, 86, 90-94, 96, 97, 110, 121, 122, 155-157, 161, 164, 166, 171, 179, 181-183, 191, 192, 195, 200, 201
自然　35, 37-40, 43, 45, 52, 53, 55, 58, 59, 71-73, 122, 156, 192, 194, 196, 203, 204, 206, 207
私的所有　44, 46, 59, 60, 70, 73, 76, 82, 98, 201
資本　61, 86, 93, 94, 98, 99, 101, 102, 104, 106, 109, 117-119, 121, 122, 126, 127, 129, 139-141, 155-157, 160-164, 167-170, 172, 173, 175, 179, 181-185, 191, 192, 195, 196, 201-205
──家　61, 98, 102, 109, 119, 122, 162, 170
──主義　61, 86, 94, 98, 99, 101, 104, 106, 117-119, 121, 122, 126, 127, 129, 139-141, 155-157, 160, 162, 163, 169, 192, 201, 203, 205
市民　6, 30, 31, 96, 117, 119, 180, 192

215

――革命　　　　　　6, 96, 117, 119
――社会　　　　　30, 31, 180, 192
社会主義　19, 107, 109-111, 115, 116,
　126-129, 132, 140, 141, 146-148,
　156, 157
主権　6-9, 26, 30, 31, 119, 126-135,
　143-145, 147, 148, 154-156, 175,
　191, 195, 199-201, 204
剰余価値　60, 61, 121, 122, 154, 155,
　199, 201-203
剰余生産物　43-46, 49, 50, 57, 59, 60,
　70, 76, 82, 93
植民地　6, 7, 9, 12, 15, 17, 18, 30,
　31, 61, 64, 86-88, 96-100, 107-114,
　117-120, 122, 124-126, 130-132, 134,
　137, 145, 146, 149, 150, 154-156,
　198, 201
女性　18, 30, 41, 46, 69, 71, 100, 104,
　110, 119, 147, 168-171, 173, 178
人権　6, 8, 15, 17, 30, 96, 119, 124,
　134, 173, 174, 176, 177, 192
人種　10, 12, 13, 16, 28, 29, 36, 54,
　55, 113, 121, 166, 168, 191, 201
スピヴァク, G　　　　　　　　　30
スミス, A　　　　　　　　　　　60
西欧　6, 12, 14-17, 30, 31, 64, 97,
　117, 118, 155, 163, 171, 180
　※ヨーロッパも見よ
世界システム　86, 94, 96, 117-120, 138,
　154-157, 205
世界大戦　17, 106-108, 110, 116, 120,
　124, 125, 133, 135, 143, 153, 160,
　196, 199, 204
戦争　5, 7-9, 17, 27, 39, 41, 45-48,
　51, 56, 58, 59, 65, 73, 78, 81,
　83, 87, 92, 96, 97, 105, 107-111,
　115, 116, 120, 125, 126, 128,
　130-132, 134-144, 148, 151, 153,
　161, 167, 169, 170, 179, 184, 186,
　187, 190, 192, 204, 205
疎外　　　　　　　　58, 59, 191, 198
ソ連　18, 19, 27, 107, 116, 146, 148,
　151, 157, 179, 182, 190

た行

多国籍企業　155, 156, 171, 172, 175,
　181-183, 191
単一民族　9-13, 16, 17, 102, 104,
　124-126, 134, 145, 154, 164-166,
　169, 173-175, 177, 179, 180, 182,
　199, 200
――神話　9-13, 16, 17, 102, 104,
　125, 126, 134, 164-166, 169, 173-175,
　177, 180, 182, 199, 200
地域　7, 8, 12, 23, 25, 34-43, 46-50,
　52-56, 64, 76-78, 81, 82, 86, 90,
　92, 95, 107, 108, 113, 115, 117,
　132, 140, 145, 154, 155, 172, 178,
　186, 187, 192, 194-204
地方　8, 47, 48, 50, 66, 67, 71, 72,
　74-77, 79, 81, 90, 150, 178, 182,
　187, 195-197, 200, 201
チャタジー, P　　　　　　　　　30
中国　5, 11, 13, 17-27, 36, 43, 47-49,
　56, 64-69, 72, 73, 75, 77, 78, 80,
　81, 83, 86, 88, 89, 94, 97, 99,
　107, 108, 112, 113, 116, 118, 120,
　124, 125, 132, 134, 137, 139, 140,
　143, 151, 164, 172, 175, 181-187,

216

197, 200, 205
朝鮮　　11, 17, 36, 40, 43, 48, 50, 64-67, 69, 72, 81, 87-89, 95, 97, 107-109, 112, 113, 116, 124, 125, 134, 137, 139-142, 145-153, 164, 175
帝国　7, 9, 15, 17, 19, 27, 30, 56, 64, 66, 67, 96-98, 100, 102, 106-108, 110-115, 119, 120, 124-126, 129, 130, 132, 135, 137, 138, 144, 145, 147, 148, 154-157, 192, 200
――主義　7, 9, 15, 30, 96, 97, 107, 108, 111, 113-115, 119, 120, 125, 126, 130, 135, 137, 138, 144, 154-157, 192, 200
出稼ぎ　　7, 156, 174, 175, 186, 205
天皇　　10, 65-68, 72, 73, 76, 78, 89, 90, 97, 98, 102-104, 112-114, 124, 126-137, 143, 144, 146, 148, 149
都市　　16, 28, 45, 46, 56, 58, 80-82, 88, 90, 94, 98, 109, 119, 156, 161, 163, 164, 166, 167, 170, 178, 179, 183, 189, 192, 195

な行

ナショナリスト　　　　4-6, 101, 176
ナショナリズム　4, 87, 136, 137, 164, 177, 191, 205
ナショナリティ　　　　　　197, 198
難民　　　7, 17-20, 156, 191, 198, 205
ネイション（nation）　3-8, 13, 134, 135, 138, 154, 205

は行

パーク, R　　　　　　　　　　28, 29
隼人　　　　　　　　　67, 71-73, 113
東アジア　　40, 47, 48, 64, 66, 67, 77, 78, 81, 82, 86-88, 94, 97, 108, 118, 139, 144, 184, 186, 205
フランク, A. G　　　　　　　　　118
ペティ, W　　　　　　　　　　　60
ポスト・コロニアリズム（ポスト・コロニアル）　9, 30, 31, 154, 155, 191, 192
北海道　11, 36, 48, 81, 90, 92, 94, 96, 99, 101, 105, 107, 116, 124, 126, 179
ホッブス, T　　　　　　　　　　　6

ま行

マージナル・パーソン（マン）　3, 4, 28
マルクス, K　52, 59-61, 122, 154, 204
民主主義　7, 8, 30, 31, 126, 127, 132, 133, 137, 143, 145, 147, 148, 153, 156, 191, 195, 199
民族　1, 3, 5, 7, 9-17, 21, 28-30, 36, 54-57, 98, 101-104, 106-108, 111-115, 120, 122, 124-127, 134, 136-138, 145, 148-156, 163-166, 169, 173-177, 179, 180, 182, 184, 191, 192, 198-201
――解放闘争（解放勢力）　9, 107, 108, 115, 120, 125, 137, 138, 154, 200

や行

ヨーロッパ　13, 15, 86-88, 94, 96, 97,

107, 111, 112, 117, 118, 149, 198
※西欧も見よ

ら行

リカード, D　　　　　　　　　　60
留学　16, 174, 175, 182, 183, 185, 197
──生　　　　　　　174, 175, 183
琉球　81, 83, 88, 92, 95, 96, 99, 105, 107, 113, 126, 186
冷戦　126, 138-141, 144, 146, 150-152, 156, 157, 160, 161, 170, 179, 182, 186, 191
レーニン, V. I　　　　　　154, 157

■著者紹介

浅野慎一（あさの・しんいち）
　1956年、神戸市出身。博士（教育学・北海道大学）。摂南大学特任教授、神戸大学名誉教授。専門は、社会変動論・地域社会学。主な著書に、『人間的自然と社会環境』（単著、大学教育出版、2005年）、『京阪神都市圏の重層的なりたち』（共編、昭和堂、2008年）、『中国残留日本人孤児の研究』（共著、御茶の水書房、2016年）などがある。

シン・日本外史
「日本国／日本人」はどこから来たのか、何ものか、どこへ行くのか

2024年10月25日　初版第1刷発行

著　者　浅野慎一
発行者　杉田啓三

〒607-8494　京都市山科区日ノ岡堤谷町3-1
発行所　株式会社　昭和堂
TEL（075）502-7500／FAX（075）502-7501
ホームページ　http://www.showado-kyoto.jp

© 浅野慎一　2024　　　　　　　　　印刷　亜細亜印刷

ISBN978-4-8122-2323-9

＊乱丁・落丁本はお取り替えいたします。
Printed in Japan

本書のコピー、スキャン、デジタル化等の無断複製は著作権法上での例外を除き禁じられています。本書を代行業者等の第三者に依頼してスキャンやデジタル化することは、たとえ個人や家庭内での利用でも著作権法違反です。

浅野慎一ほか 編	京阪神都市圏の重層的なりたち ユニバーサル・ナショナル・ローカル	定価9350円
前川一郎 編	歴史学入門 だれにでもひらかれた14講	定価2640円
油井清光ほか 編	社会学（3STEPシリーズ）	定価2530円
崎谷 満 著	DNAでたどる日本人10万年の旅 多様なヒト・言語・文化はどこから来たのか？	定価2530円
酒井一臣 著	金子堅太郎と近代日本 国際主義と国家主義	定価2970円
宮岡真央子ほか 編	日本で学ぶ文化人類学	定価2530円

昭和堂
（表示価格は10％税込み）